이승만 스피치 1950

이승만 스피치 1950

전쟁과 결의

펴 낸 곳 투나미스

발 행 인 유지훈

프로듀서 류효재 변지원

기   획 이연승 최지은

마 케 팅 전희정 배윤주 고은경

초판발행 2024년 08월 31일

주   소 수원시 권선구 서호동로14번길 17-11

대표전화 031-244-8480 | 팩스 031-244-8480

이 메 일 ouilove2@hanmail.net

홈페이지 www.tunamis.co.kr

I S B N 979-11-94005-06-3 (03340) (종이책)

I S B N 979-11-94005-07-0 (05340) (전자책)

― 전쟁과 결의 ―

이승만
스피치
1950

이승만 지음 | 편집부 엮음

투나
미스

WE INTEND TO BUILD A BLESSED NATION, EVEN IF IT MEANS ENDURING DIFFICULTIES AND SACRIFICES TOGETHER.

"우리가 취하려는 것은 곤란과 희생을 같이 무릅쓰고 복스러운 나라를 건설하자는 것입니다" — 이승만 대통령

"굳건하게 서서 다시는 종의 멍에를 메지 말라"

- 갈라디아서 5:1 -

"우리가 정신의 합동이오, 목적의 합동이오, 또 역량의 합동이니 자유로 합심해서 진보적 번영을 목적하고 나아가는 운동은 성공할 수밖에 없는 것입니다."

"우리가 취하려는 것은 곤란과 희생을 같이 무릅쓰고 복스러운 나라를 건설하자는 것입니다."

"우리가 민국의 기초를 공고히 세워서 우리의 영광스러운 역사를 다시 연출하며 더욱 영광스럽게 하자는 것입니다."

"국가의 독립과 인민의 자유는 내가 늘 선언한 바와 같이 남의 예물이나 기부로 되는 일은 전에도 없었고 이후에도 없을 것입니다."

"독립과 자유는 보배로운 것이므로 이것을 장구히 복스럽게 누리려면 많은 피와 희생이 필요합니다."

"우리가 우리의 언한과 우리의 인권을 보호하고자 귀중한 피를 흘리며 집과 재산을 다 버리고 참으로 그 환란과의 없었던 고생을 달게 맞으면서 용맹스럽고 굳센 마음으로 조금도 퇴축하지 않고 싸워나가는 것입니다."

"우리 국군과 경찰이 연합군과 합작해서 반도의 앞뒤를 막아 빠져나갈 길 없이 포위하고 소탕하는 중이니 항복 귀순하는 자는 포섭치 않을 수 없으나, 그중에서도 인면수심을 가지고 살육과 파괴를 꾀하는 자는 비록 포로 중에 있을지라도 일일이 심사해서 법으로 판결하여 처단함으로써 민국의 후환을 없애야 할 것입니다."

"우리는 동포애를 가지고 서로 이해함으로써 단결하여야 하며 적군이 우리에게 사용한 포학한 방법은 금해야 할 것입니다."

"우리의 후손들이 이날(서울 탈환)을 회고할 적에 복수와 압박의 날로 생각지 말고 단결과 이해와 관용이 시작되던 날로 기념하게 되어야 할 것입니다."

"우리가 전화 속에서 시련을 당하고 있는 중 유엔을 통해서 우리를 도와준 모든 정부와 국민에게 대하여 나는 우리 국민과 아직도 해방되지 못한 동포를 대신하여 심심한 감사를 표합니다."

"독재주의가 자유와 진흥을 가져오지 못하는 것은 역사에 증명된 것입니다."

"(자유민주제도가) 어렵기도 하고 또한 더디기도 한 것이지만 의로운 것이 종말에는 이기는 이치를 우리는 믿어야 할 것입니다."

"민주제도는 세계 우방들이 다 믿는 바로 우리 친구들이 이 전제정치와 싸웠고 또 싸우는 중입니다."

"세계의 안목이 우리를 들여다보며 역사의 거울이 우리에게 비치어 보이는 이때에 우리가 민주주의를 채용하기로 하고 30년 전부터 결정해서 실행하여 온 것을 또 간단없이 실천해야 될 것입니다."

"자유민주제도로 성립된 정부만이 인민의 자유를 보장하는 정부입니다."

"사상의 자유는 민주국가의 기본적 요소이므로 자유 권리를 행사하여 남과 대치되는 의사를 발표하는 사람들을 포용해야 할 것입니다."

"모든 자유 우방들의 후의와 도움이 아니면 우리의 문제는 해결하기 어려울 것입니다."

"이북의 사정이 아무리 어려울지라도 조금도 염려 말고 굳건히 서서 여전히 분투함으로 세계 우방들로 하여금 우리 이북동포가 다 공산화되지 않은 것을 알게 해야 될 것입니다."

"민주주의가 인민의 자유권리와 참정권을 다 허락하되 불량분자들이 민권 자유라는 구실을 이용해서 정부를 전복하려는 것을 허락하는 나라는 없습니다."

"우리 정부는 세계 대부분의 전 자유국과 같이 정상적 외교방식을 통하여 완전한 정식 우호관계를 맺을 것입니다."

"단결된 민심으로 얼마 안에 신생활을 만들게 될 것이오. 이렇게 함으로써 우선 모든 질병이 없어지고 음식과 의복 등절에 경제가 되어 부유하게 살 수 있을 것이니 사람마다 남의 하는 신식을 따라서 날로 일신우일신 하기를 극히 노력하여야 할 것입니다."

"우리가 열렬하게 처음부터 우리 독립과 우리 자유를 위해서 죽을 때까지 굴하지 않고 싸워 나가겠다는 것을 지금까지 지켜 가지고 나온 결과로 세상 사람들이 다 알기를 한국인들은 주때(줏대)가 있고 결심이 있어서 민주정치와 자유라는 것만을 위해서 목숨을 내버리고 싸우는 사람이라는 것이 표징이 된 까닭으로 이분들이 이와 같이 도와준 것입니다."

"이 결심들을 가지고 한 덩어리가 되어서 누구를 막론하고 다 일어나서 어디로 가든지 남녀들이 길가에 서서 아무 일도 하는 것 없이 그냥 서 있거나 그런 것을 보거든 그냥 잡아다가 일을 시켜요."

"이 전쟁은 단지 한 나라의 문제가 아니라, 인류의 미래가 달린 문제입니다."

"우리 군인들도 싸우고 경찰도 싸우고 청년들도 싸우는 중에 우리 뒤에 있는 젊은이 늙은이들은 부지런히 집을 청결하고 길을 청결해서 날마다 일해서 얼마 안에 이 파괴된 것을 다 깨끗이 치워놓고 자랑할 수 있게 해놓아야 할 것입니다."

"우리는 그 정신을 가져야 됩니다. 언제든지 웃는 얼굴로 해나가야 됩니다. 그래야 든든한 백성, 가치 있는 백성이 될 줄 압니다."

"우리 민족이 동서남북이니 정당파당이니 하는 모든 편협하고 파괴적 누추한 습관을 다 버리고, 전진 발달하는 노력을 보여야 합니다."

"우리가 정신의 합동이오, 목적의 합동이오, 또 역량의 합동이니 자유로 합심해서 진보적 번영을 목적하고 나아가는 운동은 성공할 수밖에 없는 것입니다."

"우리 삼천만의 총명하고 영광스러운 동포들은 일대 궐기해서 삼천리 금수강산을 금상첨화하게 만들기를 결심하고 전진하기를 바랍니다."

"우리는 국제 사회의 도움을 받을 수 있지만, 궁극적으로 우리의 운명은 우리가 만들어 나가는 것입니다."

"국회 내에서 몇몇 정객들이 분주히 활동해서 민국헌법을 개정하여 정부를 내각책임제로 변경하자는 운동이 맹렬히 진행된다 하니 이것이 사실이라면 민국 토대를 공고케 하고저 노력하는 일반국회의원들은 특별히 주의해서 이러한 정객들에게 이용되지 말아야 될 것이다."

CONTENTS

"

독립과 자유는 보배로운 것이므로 이것을 장구히 복스럽게
누리려면 많은 피와 희생이 필요합니다.

– 이승만 –

"

RHEE'S SPEECH   1950

CONTENTS

CONTENTS

66

우리의 후손들이 이날(서울 탈환)을 회고할 적에 복수와 압박의 날로 생각지 말고 단결과 이해와 관용이 시작되던 날로 기념하게 되어야 할 것입니다.

– 이승만 –

99

1950

FREE SPEECH

1950

일러두기

1. 당시 표기를 대부분 복원해 현대 맞춤법과는 다를 수 있다.

2. 이 책은 1950년의 연설문을 수록했다.

대한청년단원은 국민운동의 중핵

1950. 01. 05

대한청년단원은 국민운동의 중핵이다. 반공투쟁에 있어서나 또는 건국사업에 있어서나 청년들의 힘이 많았고 또 청년들의 노력의 결과이었다. 주권을 회복하고 통일하여야 할 것이니 이는 청년들의 정성과 애국심으로 이루어야 할 것이다. 청년에게 바라는 것은 대통령만 아니라 삼천만이 크게 믿고 있는 것이다. 그러므로 과거의 종파적 관념 또는 행동을 일소하고 건국하겠다는 일념에서 청년운동을 전개하여야 할 것이다. 환언하면 어떠한 정당이나 개인을 위해서 운동을 행해서는 안될 것이다.

즉 청년운동은 이십만의 청년들로서 청년방위대를 조직하여야 하며 민보단이나 호국군도 방위대에 편입하여 향토방위에 애써야 될 것이다. 그리하여 훈련을 지방적으로 철저히 실시하여 국토방위에까지 노력하여야 할 것이다. 그러므로 내 민족 내 국가를 위하여 일단

유사시에는 총진격하여야 할 것이다. 그리하기 위하여서는 민중의 뜻에 부합되는 방향으로 즉 민중의 사랑을 받고 지지를 받는 사람이 되어야 할 것이다.

내가 재강조하노니 치안의 확보와 민족의 방위에 힘써야 할 것이다. 정신만 숭고하고 통일된다면 외국 사람도 우리들을 우러러 볼 것이고 남북통일도 조속히 이룰 것이다.

(『대통령이승만박사담화집』, 공보처, 1953)

영국(英國)의 중공 승인에 경악

1950. 01. 07

영국정부가 중공정권을 승인하였다는 보도를 받고, 나는 경악하였다. 나는 영국정치가들을 너무 신용하였든 까닭에 근래 영국이 중공을 승인하리라는 유언을 믿지 아니하였든 것이다. 작년에 영국은 공산주의의 만연을 방지하기 위하여 여러 민주국가들과 같이 대서양조약(大西洋條約)에 참가하였던 것이다. 어떠한 나라든지 구라파(歐羅巴)에서 방지하려고 결심한 것을 아세아(亞細亞)에서 장려할 수는 없는 것이다. 다만 이유가 있다면 중국에 있는 방대한 영국의 상권을 보전하려고 하는 것일 것이다. 만일 그것이 금번 중공 승인 이유라 하면, 현재 영국 위정가들은 민주국가의 영도국(領導國)의 하나인 미국의 명예에 치명적 손상을 주는 것 뿐 아니라, 내종(乃終)에는 기(其) 상권조차 보전 못할 것을 각오하여야 할 것이다.

『대통령이승만박사담화집』, 공보처, 1953)

전쟁과 결의 **21**

신년사

1950. 01. 11

1950년은 민국 건설 이후 제2회 되는 신년이니 민국정부와 민중으로서는 깊이 감사하는 뜻으로 묵은 해를 전별하며 새해를 마지하는 바이다.

우리가 정권이양을 접수한 후 실상으로는 대략 1년 가량되는 만사 초창 중에서 국제관계로나 민생문제에 아직 충분한 효과를 얻지 못해서 정부로서는 경향을 막론하고 부패한 습관을 완전히 청쇄치 못했고 민생곤란이 충분히 정돈되지 못했으며 반란분자를 완전히 진압지 못한 중에 있으니 일국의 수령 자리에 앉은 나로서는 전전긍긍(戰戰兢兢)하며 간단없이 노력하는 중이오 정부 당국들도 누구나 다 진심진력으로 이에 등한한 사람이 없이 진행하는 중 다행히 우리 민족 전체의 애국성심으로 목숨을 내놓고 반란역도들과 투쟁하야 그들을 진압하며 치운 몸과 주린 창자를 참고 견데여 가며 정부를 지지하고 법령을 복종해서 날로 국권이 공고하여 가는 중 우방들의 호의로 유엔대표단이 전보다 더욱 강화해서 친절한 우의로 극력 원조하기에 이르고 또 세계 여러 나라들이 사절을 교환하고 교제를 친근히 하는 중 합중국의 경제 원조로 생활 개량이 날로 진전하고 있으므로 중간에서 불평분자들 반동 선전배들이 백가지로 음해하며 장해하는 것이 다 무효로 돌아가서 전체 현상을 살펴보면 1년 전보다 많은 개량이 된 것을 공정한 내외국인들이 다 열정적으로 치하하는 중이매 우리가 더욱 동심협력해서 이와 같이 계속 진행하며 오는 1년 안으로는 많은 성적을 이룰 것이니 일반 동포는 이러한 결심을 새로 굿건히 새워서 오늘 우리가 세운 국가의 토대가 깊이 뿌리를 박아서 우리 뒤에 오는 사람들이 그 후에 건추개서 날마다 자강불식의 대성적을 이루게 하기를 바라며 일반 동포의 신년만복을 축하하는 바이다.

우리가 지금 공식으로는 평화 상태에 처해 있으나 실상은 란리중에 앉은 터이니 이때에 내외국인간에 서로 례물을 주고받는 것과 연회 유흥 등 오락을 일체 정지하고 오직 연하장이나 간소한 정표 외에는 일체로 삼갈 것이다.

(『주보』, 40)

개헌 공작(工作)에 재고려(再考慮)를 요청

1950. 01. 14

근근(近近) 국회 내에서 몇몇 정객들이 분주히 활동해서 민국헌법을 개정하여 정부를 내각책임제(內閣責任制)로 변경하자는 운동이 맹렬히 진행된다 하니 이것이 사실이라면 민국 토대(土臺)를 공고케 하고저 노력하는 일반 국회의원들은 특별히 주의해서 이러한 정객들에게 이용되지 말아야 될 것이다.

기왕에 수차 설명한 바와 같이 내각책임제를 만들어 국회에서 언제든지 불신임안을 통과하여 정부에서 총리 이하로 다 물러나간 뒤에 대통령이 다른 총리를 임명해서 그 총리로 하여금 정부를 조직케 해 노면 그 정부는 얼마 안 되어 또 언제든지 국회에서 불신임안을 낼 것이므로 이와 같이 정부가 얼마 동안에 한 번식 갈게 되면 정치상 우수한 사람들은 기회를 얻어서 다못 얼마만이라도 정권을 붙

잡아 볼 기회가 있을 것이니 그 방면으로는 매우 충분하다고 생각될 것이나, 이는 우리 민국과 전 민족이 원치 않는 것이요, 또한 그러한 정부로서는 무슨 일을 해 나갈 여가(餘暇)가 없을 것이므로 오늘 우리 형편으로는 허락될 수 없는 것이다.

이러한 생각은 다 정지하고 오직 민국건설에 많은 공헌을 주어 장구한 복리를 도모해야 할 것이다. 그럼으로 이 점을 애국애족하는 현명한 의원 제씨는 깊이 생각하는 바 있을 줄로 믿는 바이다.

(『대통령이승만박사담화집』, 공보처, 1953)

대한(對韓) 경제원조안 부결은 유감

1950. 01. 21

나는 작일 미국 국회하원에서 대한(對韓) 경제원조안이 2표 차로 부결되었다는 것을 접하여 대단히 유감으로 생각하는 바이다. 이 원조안이 의외에도 부결되었으나, 나는 미국 국회와 미국정부가 앞으로 심심고려(深深考慮)하여 대한민국이 계속적인 제국주의적 공산도배의 위협을 능히 막아 나갈 수 있도록 하는 건전한 국내경제의 발전에 긴요한 이 대한(對韓) 원조안을 승인하게 될 것이라고 확신하는 바이다.

대한민국은 침략과 전복을 일삼는 공산도배 제국주의 무장공격에 대하여 단호히 물리치고, 혁혁한 전과를 거두고 있는 아세아(亞細亞)에 있어 유일한 국가이다. 아세아에 있어 어떤 국가는 동요하고 공포를 받아 위축되고, 일 대국은 패배하였으나 대한민국은 불굴의 결심과 용기를 가지고 성공을 확신하여 계속 투쟁하는 것이다. 한국에 준 현재까지의 미국 원조는 위대한 성공을 가능케 하였든 것이다. 그러나 우리 한국의 경제에 확고한 기반을 주는 경제원조안을 계속하는 것이 이 곤란한 과도기에 있어서 확고한 한국 국민의 결의를 유지함에 긴요한 것이다.

소련의 힘은 너무 강력하고 한국에 대한 돈은 쥐구멍에 다가 물을 붓는 것과 같다고 말하는 자는 백림(伯林)을 상기하라. 백림도 위기에 빠졌고, 강력한 소련군은 언제던지 공격을 할 수 있도록 만반 준비를 갖추어 있고, 소련지대에서 불과 백리 밖에 안 되는 지점에는 극소수의 연합군만이 주둔하고 있었든 것이다. 미국 영국 급(及) 불란서(佛蘭西)는 용기를 가지고 이 최대의 위기를 극복하여 비록 막대한 비용은 소비하였으나, 백림은 물론 서독(西獨)까지도 이 위기에서 벗어날 수 있었든 것이다.

동북아세아대륙에 있어서 유일한 자유국가인 대한민국의 유지는 절대 필요한 것이며, 한국을 협조하여 준다면, 자유세계건설을 확신하고 있는 대한민국 남자의 용기로 능히 할 수 있을 것이고, 또한 유지될 것이다.

작일 미국에서 원조안이 부결되었지만, 나는 대한민국과 대한민국 국민이 자유세계권(自由世界圈) 내에서 이탈되지 않는 기회를 가질 수 있도록 자유국가인 대한민국에 대하여 앞으로 현명한 고려가 있을 것이라고 확신하는 바이다.

(『대통령이승만박사담화집』, 공보처, 1953)

대한(對韓) 원조안 부결에 대하여

1950. 01. 25

이번 ECA 원조안이 미국 하원(下院)에서 두 표의 차이로 부결된데 대하여서는 우리뿐만 아니라 미국정부 당국들과 언론계와 또는 국회의원들 중에서도 의외 경악한 것이다.

차차 정돈됨에 따라 사실을 사펴본 결과 중국에 대한 정책으로 많은 쟁론이 있어오던 남어지에 국회의원 중에서 중국과 한국 사이의 관계가 어떠한 것을 막론하고 현재의 원동정책(遠東政策)을 반대하는 의도로 투표한 것이 어망홍류(漁網鴻流)로 우리가 손해를 받게 된 것이므로 트루만 대통령 이하 상하 의원까지라도 다 우리에게 동감을 가지고 공개로 선언하기를 한국 원조는 정지해서는 못 쓴다는 언론이 일치하게 돌아가서 신문 상 발표와 '라듸오' 방송으로 연속 선전되며, 더욱 하원의원 '레이번' 씨는 한국 원조물자를 재검토하자는 제안까지 발표하여 다시 토의하게 될 것인데, 토의한 결과로는 조금도 우려가 없다는 것을 단언하며, 또 정부 고관 측에서도 만약 이 안건이 통과되지 못한다 할지라도 한국 원조정책은 폐지할 수 없으니, 어떤 방면으로든지 원조사업은 계속한다 하여 우리에게 전보(電報)로 담책(擔責)하는 언명이 중복되었고, 따라서 미국대사 무치오 씨와 ECA 당국들도 다 이런 신념을 가지고 있는 터이니, 이 원조안이 부결되기 전보다 오히려 우리에게 동정이 더욱 많게 되며, 그 결과로 우리에게 상당한 원조가 근본 계획대로 계속해서 올 것이므로 이에 대한 우려는 조금도 없을 것이다.

(『대통령이승만박사담화집』, 공보처, 1953)

개헌을 절대 반대

1950. 01. 27

개헌 반대에 대하여 나는 앞서 국회의원 임기 연장문제에 대해서는 국회에 대해서 민의에 따라 결정을 짓는 것이 좋겠다는 의견을 말한 바 있다. 그런데 이번 개헌문제에 대해 내 자신이 호헌(護憲)할 것은 취임식 때 선언한 바 있고, 헌법은 이렇게 조변석개(朝變夕改)한다는 것은 정부 또한 조변석개할 우려가 있으므로 호헌한다는 견지에서 볼 때 도리혀 인민의 자유를 막는 것이라고 본다. 어떠한 이유를 들어 일부 정객들이 자기의 생각만을 하고, 설사 개헌을 한다 치더라도 나는 대통령을 내놓고서라도 반대하겠다. 그리하여 나는 일국민의 입장에서 호헌운동을 할 방침이다.

(『대통령이승만박사담화집』, 공보처, 1953)

근로 의용단결성식에 치사

1950. 02. 02

나에게 보낸 전시근로의용단 결성취지서를 보고 대단히 기쁜 생각으로 친히 이모임에 참석하고자 하엿스나 졸지에 정무가 상치되는 관게로 참석치 못하고 두어자글로 이대회의 취지를 축하하고자 하는바입니다. 민국수립전후로 우리 근로자들이 건설과 발전사업에 공헌하는 정신으로 적은 임금과 어려운 생활 중에서 괴로우나 불만한 색태를 조곰도 보이지 안코 끗까지 인내하는 마음으로 합동단합해서 분투한결과 건설사업에 만흔 효과가 잇슨 것은 그 대부분이 근로자들의 공헌으로 이루어진 것이니 우리가 다 이것을 깁히 늣기는 바입니다. 특별히 철도종업원들이 그 기술과 재능을 충분히 발휘하야 긔차운전과 행객의 편의와 차량보호등이 여러가지로 진전되어가는 중 이 전시에 긔차발착시간을 엄절히 지켜주어서 유엔대표단원과 또 다른 내외국인들이 다 칭찬하는것을 들을 적에 우리가 마음에 여간 깃부지 안엇던 것이며 이번 전란이 생긴 이후로 긔차가 아니고는 만흔 군인과 군물을 운수하기에 어찌할 도리가 업섯을 것이라 철도종업원들의 그 긔능과 성심으로 다 잘되어가는 것을 외국 친우들이 만히 칭송하여 오늘 아침에도 무치오 대사가 나에게 말하기를 철도종업원들에게 특별한 감사를 표시하는 것이 필요하겟다는 말까지 하엿던 것입니다. 평시보다 여러 갑절되는 만흔 운수를 착수하여 쉬지안코 또 한번도 사고업시 그 임무를 수행해온 것은 그 기술뿐만 아니라 근신한 결과임을 우리가 더욱 표창하지 안흘수 업는 바입니다. 이번 대회의 취지와 정신을 보건대 그 목적이 대한로총을 중심으로 근로층의 력량을 총집결하여 군사원호작업과 전후에 모든 건설사업에 노력하는 동시에 반란분자의 파괴행동을 방지하여 국가와 민생의 화합을 삭제숙청함에 나로는 더욱 만흔 감격을 가지고 기회 잇는 대로 이 고마운 생각을 표시할 날이 잇기를 바라는 바입니다.

(『대통령이승만박사담화집』, 공보처, 1953)

개헌에 판단 필요

1950. 02. 08

내가 이 안건에 대해서 이의를 부치고저 하는 이유는 나 한사람이 대통령의 권리를 가지고 그 권위를 장구히 누리자는 생각에서 나온 것이 아니고, 오직 이상에 말한 민주정부의 토대를 굳게 세워 자유복리를 영구히 누리자는 일편단심뿐이다. 나로는 앞으로 임기 2년 반 동안에 목숨이 살아서 직책을 마치게 된다면, 그후에는 이 자리를 물러가서 평민자격으로 자유권을 누리자는 것이 나의 결심이다. 만일 공산분자와 또 어떤 분자를 막론하고 국권을 방해하고, 독립을 전복(顚覆)하는 행동으로 반란을 일으키거나 국외에서 침략군이 몰려들어 올지라도 일국의 대통령이나 일개의 시민으로나 조금도 다름없이 끝까지 싸워 이 국토 내에서 목숨을 바치려는 것뿐임에 개헌문제에 대해서 사사(私事) 생각의 욕심이 조금도 없음을 누구나 다 믿어주기를 바라는 바이다. 국회의원 중에 개헌을 주장하는 분들도 물론 민국의 복리를 위해서 이렇게 제의하고, 또 이 제의를 위해서 분투할 줄로 믿는 바이다.

각각 사람의 견지가 달라서 오해를 가지고 고집하기 쉬운 것이니, 내가 이에 대한 오해라면 누구나 나를 교정해 주기 바라며, 그렇지 않으면 국회나 일반 동포들이 내 견지에서 양해가 있기를 바랄 뿐이다.

당초 헌법을 제정할 때에 총리내각제(總理內閣制)로 하자는 의도가 있었으나 경필(竟畢) 그 관계되는 바를 철저히 양해한 뒤에 이를 다 포기하고 헌법제정의원들이 대통령내각제(大統領內閣制)를 만들고 국회에서 통과된 것인데, 지금 와서 이것을 개정해서 총리제를 만들자는 것은 헌법의 중대한 취지를 번복시키는 것이므로 나로서는 헌법보장을 선서하고, 책임상 이를 묵인할 수 없는 사실이다. 새로 제출된 안건대로 한다면 국회에서 정부에 대한 불신임안을 통과하게 한다면, 정부각원은 다 물러가고 국회에서 선정한 총리가 정부를 다시 조직해서 대통령의 결재를 얻어가지고 또 행정사무를 한다는 것이요, 또 정부에 대한 불심임안이 통과된 후에는 대통령이 국회를 해산할 권리가 있고, 해산된 뒤에는 총선거를 실시해서 새로 국회를 조직한다는 것이요, 또 총리와 국무위원은 일반 정책에 대해서 연대책임을 진다는 조건이 있으니 중대한 문제로 정부에서 잘못한 책임을 질 때에는 총사직(總辭職)을 하고 다 나아가야 할 것이요, 또 각자의 행위에 관해서 실책이나 실수가 있을 때에는 개별적으로 책임을 지되 이 책임은 행정부나 사법부에 대해서 지는 것이 아니고 오직 입법부인 국회에 대해서 책임을 진다하며, 국무총리는 국회에서 선정하고 이에 따라서 대통령이 임명하되 총선거로서 국회가 열릴 때마다 국무총리는 다시 선정하고 국무위원의 임명은 국무총리의 추천에 따라 대통령이 그를 임명하여야 한다하며, 또 국회에서 내각이나 국무위원에 대한 불신임안이 가결된 후 7일 이내에 국회를 해산시키지 않을 때는 내각 총사직하거나 해당 국무위원이 사직하여야 하며, 또 국무총리가 국무위원의 수반(首班)이 되고 국무회의의 의장이 되어야하며, 국무회의의 경의를 복종하지 않거나 국무위언 통일을 조해(阻害)하는 국무위원의 파면을 대통령에게 제청하되 그 제청에 따라 대통령이 그를 파면하여야 하며, 또 국무회의에서 의결된 사항은 대통령이 결재하여야 하며, 또 국회에서 보내는 대통령 서한도 반드시 국무회의의 결의를 요하며, 국회해산에 관한 사항도 그러하며 또 대통령의 국무위원에 대한 모든 행위는 국무위원의 동의를 받아야 하며, 또 행정 각부 장관의 임명은 총리, 국무위원 중에서 제청하며 거기에 따라서 대통령이 그대로 임명하여야 하며 또 천재지변과 기타 불가항력의 사유로 총선거가 불가능할 때에는 차기 신 국회가 개회될 때가지 임기를 연장하되 1개년(一個年)을 초과하지 못한다고 한다.

나로는 개헌안에 대한 이상 몇 가지 뽑아서 일반 동포의 주의를 청하는 것뿐이요, 일일이 축조(逐條)해서 변론하는 것은 보류하고저 하는 바로서 누구나 이 안건에 내용을 상세히 보면 그 의도를 알 수 있으므로 일반 동포는 이 중대한 안건을 심상히 보아 넘기지 말고 각각 자기를 판단해서 그 관계되는 바 이러하다는 것을 각오(覺悟)하고 판단해야 할 것이다. 내가 한마디 첨부하고자 하는 것은 우리 전 국민의 유일한 목적은 정부의 토대를 공고히 만들어 국내과

란(國內破亂)이나 국제변동에 흔들리지 말고 국권을 굳게 지켜나가기를 목적으로 여기니, 이 개헌안이 이 목적에 도움이 될 것인가, 방해가 될 것인가 하는 것만을 비교해 보면 잘 판단될 줄 믿는 바이다. 지금 우리는 평화시(平和時)와 달라서 국내국외의 원수(怨讐)가 백방으로 틈을 엿보고 있는 때이니만치, 이것도 또한 일반 동포로서 고려할 조건이 아니 될 수 없을 것이다.

(『대통령이승만박사담화집』, 공보처, 1953)

지방미 반출 방해자는 처벌

1950. 02. 08

쌀값이 졸지에 올라가서 민생이 곤란한 것으로 정부에서는 유감으로 여기는 바이나, 정부로서는 기정 방침대로 수집한 수량 중에서 군경과 광부의 수요량 급(及) 해외에 수출한 60만석을 제한 외에 공무원 가족수당으로 금년 3월까지만 양곡을 주고 그후로는 월봉을 올려 생활을 보장시켜 경제발전상 장애가 없이 말들 계획이니 일반 동포는 이에 협력해야 할 것이요, 미곡 해외수출은 그 대신으로 소맥(小麥)을 수입하려는 중 더욱 금년은 하곡(夏穀)이 극히 유망한데 비료가 전보다 거의 배나 수입될 것이요, 또 현재 수입되고 있는 중이니 우리는 미곡 부족을 그렇게 염려는 없을 것이다.

지금 우리에게 가장 중요한 것은 해군에게 해안경비를 엄밀히 해서 상인들의 양곡 밀수출을 절대 방지해야 할 것이요, 따라서 청년단(靑年團)과 국민회(國民會)와 일반 민중이 군경과 합동해서 잠수출(潛輸出)을 일일히 적발자에게 그 수량의 반을 상여로 주면 이에 대한 민족적 곤란은 거진 없어질 것이다. 이번 쌀값이 돌연 올라가게 된 것은 정부에서 곧 보유미를 방매키로 했으나 미곡수집과 광목(廣木) 비료로 수입 등에 골몰해서 수입과 도정에 다소 지장이 있는 탓이었으나, 금후로는 각 부처나 기타 당국자들이 극력협동해서 정부 보유미를 서울시에서 매일 4천석씩 간단없이 지정 곡상(穀商)에게 분배 방출케 할 것이니, 쌀값이 한정 없이 떨어질 것으로 많은 곤란을 면할 수 있을 것이다.

현재 보고를 듣건대 쌀을 자유로 사게 되면 혹 돈 가진 사람들이 정한 수량 외 더 사서 일후를 준비하려고도 하고, 또한 집에서 여러 식구가 나와서 제각기 사게 되므로 쌀을 미리 많이 내어 놓을 지라도 평균히 나노아 다 같이 도움이 되기 어려운 형편이니 지금부터는 쌀 구입표에 소정한 증명을 가진 사람에게만 팔아서 중간 폐단을 막는 동시에 굶주린 사람들이 공연한 선전으로 쌀이 부족하다는 생각으로 해서 쌀을 많이 사두워야 되겠다는 생각을 버리고 각각 필요한 양만을 사서 서로 함께 살게 되나, 정부로서는 상당한 가격이 될 때까지 계속 방매할 계획이니, 이에 대해서 특히 주의할 것은 교통부에서는 양곡수송에 절대 협력하므로 지장은 없을 것이니, 특히 향촌정거장에서 사소한 관계로 지연시키는 폐가 있다는 보고가 있으니, 일후 조사 엄금해야할 것이요, 양곡매입조합(糧穀買入組合)에서 각지에 부인을 내세워 지부를 설치하고 정부대행 기관이라는 명칭으로 상리를 도모하기 위하여 타인에게 기회를 주지 않고 독점하는 폐가 있다 하니, 정부의 계획으로는 민간 대행 기관을 될 수 있는 대로 삭제해서 대소의 폐를 다 막으려는 것이 필요할 것이므로 그 대신 정당한 양곡상인들이 정부 민간에 충분한 신용을 얻어 폭리나 모리하는 불명예를 피하고, 우선 미곡을 사고파는 데 단순한 영업에 의하여 일반 공중에게 이익을 주고, 또 어떠한 경우에는 정부에서 이러한 곡상들을 통해서 정책을 진행할 수도 있을 것이다.

공정한 미곡상들이 폭리를 도모함이 없이 정당한 영업을 목적으로 한다면, 절대로 안 될 것이요, 각도 소속군경 등 후생협회(厚生協會) 기타 사회단체에서 소속원을 먹인다는 구실로 매입 장치한 것은 다 정부에 내놓아 본 값을 받고 팔거나 시장에서 공매해야 할 것이다. 모 지방에서는 미곡 몇 십석, 혹은 몇 백석 운반하는 것에 세금을 받고 있다하니 이를 극렵히 조사하여 범법자는 상당히 처벌할 것이며, 또 각 군면(郡面)에서 자기 관할 하에 있는 양곡이 타처로 이동되는 것을 막기 위하여 운반을 허가 않는 폐가 있으니 이것도 역시 정부시책에 위반되는 의도이므로 특별히 금지할 경우에는 상부에 보고한 후 허가를 얻어 행할 것이다.

그렇지 않는 한 절대로 폐지해야 할 것이며, 세궁민(細窮民)에게는 사회부당국 주관 하에 재정을 세워 구제책을 마드는 것이 정당하므로 복권(福券)을 발행해서 수입되는 금액과 정부에서 특별히 얼마를 지불해서 보조한 것과 그외 민간단체 지도자들과 재정자들을 모아 구제회를 조직해서 의원을 청하여 한편으로 우방들에게 원조를 구할 수도 있을 것이므로 하로바삐 이 방면으로 준비 진행하되 서울시장과 협의하는 동시에 각 도(道)에서도 이에 준행해서 이 구제책에 유감없이 해야 할 것이니, 일반 국민의 협력이 더욱 있어야 할 것이다.

(『대통령이승만박사담화집』, 공보처, 1953)

국회 제출의 개헌안 공고에 제(際)하여

1950. 02. 15

국회에서 의원 삼분지일(三分之一) 이상의 연서(連署)로 개헌 조건을 첨부하야 동(同) 안건을 제출하고 이를 다시 토의한 삼분지2 이상의 투표로서 가결 시행하려는 안건이 대통령에게 제출되었슴에 본 대통령은 헌법의 정한 바에 의하야 이 안건을 자(玆)에 공고하나니 일반 동포는 이 개헌 안건을 보아 그 내용을 자세히 검토하여 볼 줄 밋는 바이다.

이 안건을 공고하는 동시에 본 대통령은 헌법 보장을 선서한 책임이 중대할 뿐 아니라 민주국의 토대가 공고히 잽혀서 우리와 우리 뒤에 오는 모든 후생까지라도 다 국가의 독립과 국민의 자유권을 영구히 누리게 되기를 목적하고 이전에도 목숨을 내노코 싸워온 것이오. 이 앞으로도 목숨을 내놓고 싸울 형편임으로 오직 국권을 공고히 하자는 주의로 이 개헌 안건에 대해서 나의 주장이 어떠하다는 것을 설명치 않을 수 없어 이에 몇 가지 중요한 것만 뽑아 국회의원

제씨(諸氏)와 일반 국민이 이를 다 알게 되기를 바라는 바이다.

내가 이 안건에 대해서 이의를 붓치고저 하는 이유는 나 한사람이 대통령의 권리를 가지고 그 권위를 장구히 누리자는 생각에서 나온 것이 아니오. 오직 이상에 말한 바 민주정부의 토대를 굿게 세워서 자유복리를 영구히 누리자는 일편단심뿐이니 나로는 앞으로 남은 임기 2년 반 동안에 목숨이 살어서 직책을 마치게 된다면 그후에는 이 자리를 물러가서 평민 자격으로 자유권을 누리자는 거시 나의 결심이다. 만일 공산분자나 또 어떤 분자를 막론하고 국권을 방해하고 독립을 전도(轉倒)하랴는 행동으로 반란을 일으키거나 국외에서 침략군이 몰려들지라도 일국의 대통령이나 일개의 시민으로나 조곰도 다름없이 끝까지 싸워 이 국토 내에서 목숨을 맛치려는 것뿐이매 개헌 문제에 대해서 사사생각(私事生覺)이나 욕심이 조곰도 없음을 누구나 다 믿어 주기를 바라는 바이다.

국회의원 중에 개헌을 주장하는 분들도 물론 민국의 복리를 위해서 이렇게 제의하고 또 이 제의를 위해서 분투할 줄로 믿는 바이다. 각각 사람의 견지가 달러서 오해를 가지고 고집하기 쉬운 것이니 내가 이에 대한 오해라면 누구나 나를 교정해주기를 바라며 그렇지 않으면 국회와 일반 동포들이 내 견지에 양해가 잇기를 바라는 것뿐이다.

당초 헌법을 제정할 때에 총리내각제(總理內閣制)로 하자는 의도가 있어스나 필경 그 관계되는 바를 철저히 양해한 뒤에 이를 다 포기하고 헌법제정 위원들이 대통령 내각제로 만들고 국회에서 통과한 것인데 지금 와서 이것을 개정해서 총리제로 만들자는 것은 헌법의 중대한 종지(宗旨)를 번복시키는 것임으로 나로는 헌법보장을 선서한 책임상 이를 묵인할 수 없음이 또한 사실이다.

　새로 제출된 이 안건대로 한다면, 국회에서 정부에 대한 불신임안을 통과하게 되면 정부 각원은 다 물러가고 국회에서 선정한 총리가 정부를 다시 조직해서 대통령의 결재를 얻어 가지고 행정시무를 한다는 것이오, 또 정부에 대한 불신임안이 통과된 후에는 대통령이 국회를 해산할 권리가 있고 해산된 뒤에는 총선거를 실시해서 새로 국회를 조직한다는 것이오, 또 총리와 국무위원은 일반정책에 대해서 연대책임을 진다는 조건이 있으니 중대한 문제로 정부에서 잘못한 책임을 질 때에는 총사직하고 다 나가야 할 것이오, 또 각자의 행위에 관해서 실책이나 실수가 있을 때에는 개리적(個利的)으로 책임을 지되 이 책임은 행정부나 사법부에 대해서 지는 것이 아니오, 오직 입법부인 국회에 대해서 책임을 진다 하며 또 국무총리는 국회에서 선정하고 이에 따라 대통령이 임명하되 총선거로 새 국회가 열릴 때마다 국무총리를 다시 선정하고 국무위원의 임명은 국무총리에 제청에 따라 대통령이 그를 임명하여야 한다 하며 또 국회에서 내각이나 국무위원에 대한 신임안이 부결된 후 7일 이내에 국회를 해산식히지 않을 때에는 내각이 총사직하거나 당해(當該) 국무위원이 사직해야 하며 또 국무총리가 국무원의 수반이 되고 국무회의의 의장이 되어야 하며 국무회의의 결의 복종하지 않거나 국무원의 통일을 저해(阻害)하는 국무위원의 파면을 대통령에게 제청하되 그 제청에 따라 대통령이 그를 파면하여야 하며, 또 국무회의에서 결의된 사항은 대통령이 의례히 결재하여야 하며, 또 국회에 보내는 대통령에 서한도 반드시 국무회의의 결의를 요하며, 국회해산에 관한 사항도 그러하며, 또 대통령에 국무원에 대한 모든 행위는 국무원의 동의를 얻어야 하며, 또 행정 각부 장관의 임면(任免)은 총리가 국무위원 중에 제청하면 거기에 따라 대통령이 그대로 임면하여야 하며 또 천재지변과 기타 가항력(可抗力)의 사유로 총선거가 불가능할 때에는 차기 신국회(新國會)가 개회될 때까지 임기를 연장하되 1개년(一個年)은 초과하지 못한다고 한다.

나로는 개헌안에 대한 이상 몇 가지만 뽑아서 일반동포의 주의를 청하는 것뿐이오. 일일이 축조해서 변론하는 것은 다 피하고저 하는 바로서 누구나 이 안건의 내용을 자세히 보면 그 의도를 알 수 잇슬 것임으로 일반동포는 이 중대한 안건을 심상히 보아 넘기지 말고 각각 자유로 판단해서 그 관계되는 바가 어떠하다는 것을 깁히 각오하고 판단해야 할 것이다.

내가 한 마듸 첨부하고저 하는 것은 우리 전 민족의 유일한 목적은 정부의 토대를 공고히 만들어 국내 파란이나 국제 변동에 흔들리지 말고 국권을 굳게 직혀 나가기를 목적으로 알 터이니 이 개헌안이 이 목적에 도움이 될 것인가 방해가 될 것인가 하는 것만을 비교해 보면 잘 판단될 줄로 믿는 바이다.

지금 우리가 앉은 이 시기가 평시(平時)와 달라서 국내 국외의 원수가 백방으로 틈을 엿보고 잇는 때이니만치 이것도 또한 일반 동포로서 고려할 조건이 아니될 수 없을 것이다.

(『주보』 45)

외자도입의 문을 열자

1950. 02. 15

우리 한족은 천성으로나 도의상으로나 남과 평안히 살려는 사람들이다. 중국의 수양제 당태종 이래로 여러 번 침략이 있었으나 우리가 다 처물리치고 반도강산을 여일히 보호하며 반만년 역사상 한 번도 남을 침략해서 싸운 적이 없는 것을 우리가 다 자랑하는 바이다.

그러나 강한 이웃들은 우리나라를 욕심내서 번번히 침략주의를 가지고 우리를 괴롭게 굴다가 급기야 임진년에 와서는 히데요시대전(大戰)에 우리 남녀노유(男女老幼) 3백만 명을 살육하고서도 필경은 못 견디어 물러간 후 왜적을 삼도강산에 몰아넣고 다시는 대륙에 오지 못하게 만들고 부산에만 사방 10리 되는 땅을 그어놓아 그안에서만 일인들이 장사할 것을 허락해준 것뿐으로 외국인이라고는 어떤 나라를 물론하고 정부의 특별허가 없이는 이 삼천리 강토 안에는 발을 못 붙이게 만들고 근 350년 동안 지내왔으므로 처사국(處士國)이라는 일홈까지 얻게 된 것이다.

세계역사 이래 처음으로서 양인들이 차차 동양에 오기 시작해서 선교사들이 험난을 무릅쓰고 압길을 열매 그 뒤로 상인들이 따라와서 저의 나라 국세를 빙자하고 상업을 강제로 열게 될 적에 어떤 나라에서는 선교사 명의로 남의 강토를 점령하며 또 상업보호라는 명의로 아편전쟁을 열어 불의한 일을 감행케 되었으니 본래 선교사들이 남의 땅을 빼앗자거나 상업가들이 남과 싸워서 강권을 잡자는 주의가 아니였겠지만 약육강식의 제국주의를 가진 자들이 이것을 다 이용해서 그렇게 되는 중에 선교사들과 상업가들이 동양 각국에서 많은 오해를 받아 도처에서 장애가 크게 되었던 것이다. 그 결과로는 동양 각국 사람들이 서양 상업가들을 의심하며 두려워해서 그 물건은 사면서도 적개적 관찰은 면하지 못했던 것이오. 이 중에서도 우리나라는 과거에 이웃나라들이 손해 받은 경험으로 인연해서 외국통상이 우리에게 해가 되는 줄로만 알게 되었고 더욱 일인이 동양에서 상권을 잡게 된 후로는 관민합심으로 주장하기를 일인의 권리가 및치는 데마다 모든 상업상 이익은 그들이 독점하고 타국인은 조금도 참여치 못하게 만들며 한국에 와서 모든 외국 상권을 다 배척하는 중 더욱 한인의 이권은 모조리 빼아서서 한인은 살 수 없이 만든 결과로 한인들이 자연 국제통상에 대한 적개심을 가지게 된 것이 또한 지연한 실정이었다.

지금에 와서 일본서는 과거의 정책을 전적으로 변경해서 미국이 상업자본을 이용하여 그것으로서 일본 개척에 사용 코저하는 바 우선 관광단과 유람객을 위해서 일억만 불을 합자해 가지고 서양 큰 회사들을 청해서 20내지 50활까지의 자본을 너허 동경 중심에 큰 호텔을 짖고 또 특별 극장을 세우며 그외에도 전국 각 처에 있는 명승지에 큰 호텔 열세 개를 건축하는 동시에 유람객들의 편의를 도모할 음식점과 요리점을 대대적으로 만들되 모도다 서양 큰 회사에서 주장해서 그 계획이 불일래(不日內)로 성공하리라는 데 벌서 모든 기술자들이 와서 착수 중이오. 건축은 금년 3, 4월 내로 시작한 것이며 다 건축된 뒤에는 이 건물을 미군인들에게 세를 주어서 이 사람들이 해외 선전과 모든 연락을 만들고 큰 영업을 설치해서 몇 해후에는 이것을 일인들이 다 맡어서 많은 이익을 도모할 것이며 기외에도 이런 큰 영업을 이 방식으로 진전시켜 부강의 기초를 세우는 중이는 우리로는 일본의 경제상 대발전에 대해서 심상히 보고 있을 수 없는 것이다.

일본서 이와 같이 국제 상업상 정책을 돌변하여 외국 자본을 환영하는 이유가 여러 가지인 것은 우리가 다 양해하는 바이나 그중에 제일 큰 이유는 서양 대자본가들의 형편이 지나간 50년 동안 매우 변해서 이전 사상과는 같지 않게 된 때문이다.

미국 상공업가로 볼지라도 전에는 큰 기계창을 설치해서 물건이 나오는 대로 해외에 수출하여 그 대신 금은 등 재산을 수입해서 많은 재정을 모으게 되었던 바 그 결과로 아세아와 구라파 각국에서는 경제공황으로 물건을 살 힘이 없게 됨으로 모든 기계창과 공장은 물건을 싸아만 놓고 팔지 못해서 다 폐쇄될 뿐만 아니라 노동자와 인부들은 일이 없어 생활곤란을 면치 못하게 되매 전부가 다 봉쇄지경에 이르게 된 것이다.

그러므로 지금은 서양자본가의 정책이 다 변해서 세계 빈곤한 나라들에게 자기들의 물자와 기계와 자본을 대주어 그 나라에서 미국금전을 벌 수 있도록 만들어주기를 주장하나니 미국 금전을 버는 나라가 많을수록 미국에서 생산하는 물품이 해외에서 많이 팔릴 수 있고 또 미국 모든 기계창이 다시 번영되고 따라서 노동자의 생활문제가 해결될 것임으로 이전에는 상업을 열어서 남의 재정을 끌거가기로만 주장하던 것이 지금 와서는 서로 하해상반(相伴)케 만들어 평균한 이익을 다 같이 누리자는 것이 세계경제 대가들의 큰 정책으로 되고 있는 것이다.

세계경제 대책이 이같이 변천된 것을 일인들이 먼저 깨닫고 자기들의 경제책을 곳처서 외국 자본을 요청하여 각 방면으로 경제발전을 대확장하려는 중이니 우리가 이때에 역사적 경험이나 또는 강권 쟁리하던 관찰에 억매여 의구심만 가지고 세계 경쟁장에 나서지 못한다면 그 결과로 남들이 얻는 이익을 얻지 못할 뿐 아니라 장차 우리의 소유조차 발전시킬 기회가 없을 것이니 우리 일반 경제가들은 천재일우의 좋은 기회를 일치 말고 우리의 자본을 합하고 부족한 부분은 외국 자본을 청해다가 상당한 조리와 규정 내에서 발분매진하여 남보다 앞서되 뒤떨어지지 말아야 될 것이다.

지금 우리가 미국과 새 통상조약을 교섭하고 있는 때이니만치 하로바삐 이 조약이 성립되야 그 범위 내에서 국법을 제정하고 위선 관광단과 유람객의 편의를 위하여 신식호텔과 오락장을 설비하며 또 수백 년 내로 유전하는 좋은 사찰과 루대와 궁궐을 구식대로 다 수리해서 세계 각국인의 관광에 제공하게 되면 우리의 산천경개를 찾어 많은 손님이 올 것이오. 따라서 상공업이 날로 진전될 것이니 우리 경제가들이 이에 극히 주의해서 주야 쉬지 말고 이를 진전시켜야 할 것이다.

이번 국방장관으로부터 제주 근방 해면의 시찰 보고를 들으면 맥아더라인 저편에는 일인 어선이 바다에 엎어서 고기를 잡고 있는데 이편에는 배 한 척 볼 수 없었다하니 남의 소유보다 낳은 어장을 가지고서도 남들이 잡는 고기를 잡지 못한다면 이 소유권은 아무 의미도 없는 것이다. 우리의 소유권을 발전시켜 우리도 이익을 보고 우리 자손에게까지도 이익을 주도록 하로바삐 재정을 준비해야할 것이다.

그동안 미국 큰 회사에서 우리에게 고기통조림을 얼마던지 있는 대로 사겠다고 청구한 것이 여러 번이니 우리도 위선 외국 큰 사업가들을 청해서 자본을 합하여 어업을 확장시켜 경제상 큰 이익을 도모함이 시급한 일이오. 이외에도 이러한 일이 한 두 가지가 아니니 특히 이런 방면으로 주의하는 사람들이 많기를 바라는 바이다.

이 방면으로 나가기에 제일 먼저 할 것은 우리의 현재 법률을 얼마간 개정해서 어떠한 한도 내에서 외국 자본이 들어올 수 있을만한 문을 열어 놓아야 될 것이오. 이 문이 열리게 되면 정당한 외국 상업가와 경제대가들이 우리와 교섭할 길을 열어서 이익을 같이 누리도록 도모할 것이니 이것이 우리의 장래 경제대책 중 가장 긴급한 조건이매 정부와 민간에서 경제 대세를 살피고 민생복리를 위해서 이 방면으로 주의할 뿐 아니라 보조를 함께 밟아나가게 되기를 더욱 바라는 바이다.

(『주보』 45)

외국 자본을 환영하자

1950. 02. 17

우리나라가 과거에 이웃 나라들이 손해를 받은 경험으로 인연해서 외국 통상이 우리에게 해가 되는 줄로만 알게 되었다. 더욱 일본인이 동양에서 상권을 잡게 된 후로는 관민합심으로 주장하기를 일본인의 상권이 미치는 데마다 모든 상업상 이익을 그들이 독점하고 타국인은 조금도 참여치 못하게 만들어 한국에서 모든 외국 상권을 다 배척하는 등 더욱 한인의 이권은 모조리 빼앗아서 한인을 살 수 없데 만든 결과로 한인들이 자연 국제통상에 대한 적개심을 가지게 된 것이다. 이 또한 자연한 실정이었다. 지금에 와서 일본에는 과거의 정책을 전적으로 변경해서 미국의 상업자본을 이용하여 그것으로서 일본 개척에 사용코저 하는 바 우리로는 일본의 경제상태발전에 대하여 심상히 보고 있을 수 없는 것이다.

그러므로 지금은 서양자본가의 정책이 다 변해서 세계 빈곤한 나라들에게 자기의 물자와 기계와 자본을 대주어 그 나라에서 미국 금전을 볼 수 있도록 만들어 주기를 주장하나니, 미국 금전을 보는 나라가 많을수록 미국에서 생산하는 물품이 해외에서 많이 팔 수 있고, 또 미국의 모든 기계창이 다시 번영되고 노동자의 생활문제가 해결될 것이므로 이전에는 상업이 열리어서 남의 재정을 끌어가기로만 주장하든 것이 지금 와서는 서로 이해상반케 만들어 평균한 이익을 다 같이 누리자는 것이 세계 경제대중들의 큰 정책으로 되고 있는 것이다. 지금 우리가 미국과 새 통상조약을 교섭하고 있는 때니만치 하로바삐 조약이 성립되어 그 범위 내에서 국법을 제정하고 위선 관광단과 유람객의 편의를 위하여 신식 호텔과 오락장을 설비하여 수 백년 내로 유전하는 좋은 사찰과 누대(樓臺) 등을 구식대로 다 수리해서 세계 각국인의 관광에 제공하게 되면, 우리의 산천경개를 찾아 많은 손님이 올 것이요, 따라서 상공업이 날로 진전될 것이니, 이에 극히 주의해서 주야 쉬지 말고 일을 진전시켜야 할 것이다.

이번 국방부장관으로부터 제주 근방 해면의 시찰 보고를 들으면 맥아더라인 저 편에는 일본인 어선이 바다에 덮여서 고기를 잡는데 이 평에는 배 한 척 볼 수 없었다고 하니, 남의 소유보다 나은 것을 가지고서 또 남들이 잡는 고기를 잡지 못한다면 이 소유권은 아무 의미도 없는 것이니, 우리의 소회(所懷)를 발전시켜 우리도 이익을 보고 우리 손자에게까지 이익을 주도록 하로바삐 재정을 준비하여야 할 것이다. 그동안 미국 큰 사회에서 우리의 고기통조림을 얼마던지 있는대로 사겠다고 청구하고 있으니 여러분 우리도 이상 외국 큰 사업가를 통해서 자본을 합하여 어업을 확장시켜 경제상 큰 이익을 도모함이 시급한 일이요, 이외에도 이러한 일이 한 두 가지가 아니니 특히 이런 방면으로 주의하는 사람들이 많기를 바라는 바이다. 이 방면으로 나가기에 제일 먼저 할 것은 우리의 현재 법률을 얼마간 개정해서 어떤 한도 내에서 외국 자본이 들어올 수 있을 만한 문을 열어 놓아야 할 것이다.

이 문이 열리게 되면 정당한 외국상업가와 경제대가들이 우리와 교섭할 길을 열어서 아모조록 같이 이익을 도모할 것이니 이것이 우리의 장래 경제대책 중 가장 긴급한 조건이며, 정부와 민간에서 경제대세를 살리고 민생복리를 위해서 이 방면으로 주의할 뿐 아니라 모두 함께 벌어 나아가게 되기를 더욱 바라는 바이다.

(『대통령이승만박사담화집』, 공보처, 1953)

삼일절 31주년

1950. 03. 01

국가 운명에나 개인 생명에나 이즐 수 없는 역사적 날이 있으니 3월 1일 오늘이 즉 한국과 한인에게 그러한 날입니다.

기미년 즉 31년 전 오늘은 토요일이었던 날입니다. 그날 오후 2시에 일인의 폭력과 모략으로 철사와 철망에 속박을 받은 우리 한족의 부활정신이 이러나서 우리 반만년 옛 나라의 존영(尊榮)과 생존을 다시 제창한 것입니다. 한족의 용맹과 결심으로 이날 발표된 것은 이 세상에서 전에는 보지 못했던 것입니다. 이 어려운 환경에서 자유를 위하여 표시된 그 정경을 오늘 기념해서 우리의 정신을 한번 다시 새롭게 해야 할 것입니다.

1919년 즉 기미년에는 세계 제1차 대전이 끝나고 침략주의가 분수(粉粹)되어 민주진영에서 크게 승전하였음으로 야심적 제국주의가 영영 없어지기를 바라고 세계 정치가들이 우드로 월손 대통령 지도 하에 파리에 모여서 모든 민족의 자결주의를 보장하기로 선언하는 동시에 이 이상적 주의를 전 세계에 공포해서 누구나 다 알게 되었던 것입니다.

한국은 파리에서 거리가 멀고 일본은 무력으로 우리 민족의 이목을 막고 가려놓아 파리에서 세계 정치지도자들이 선언한 것이 우리 한인에게는 관계없이 되었고 무도한 일본만을 자기들의 연맹국으로 알고 협의하게 되었던 것입니다. 그러나 이 자결주의 선언이 우리나라 각 도시와 촌락에 들어가지 아니한 곳이 없었으며 덕국(德國)이 패전되였다는 소식은 즉 우리에게 폭력주의의 파멸로 알게 되었던 것입니다. 이 소식이 우리 애국선열들의 귀에 자유의 종소리 같이 들려서 죽기로 결심하여 심리상 속박했던 철사를 끊어버리고 세계 자유 국민 중에 담대히 나서서 우리의 기상을 표시했던 것입니다.

그해 정월 2월 동안에는 새로운 희망과 새로운 용기로 전 민족이 열렬히 이러나서 투쟁을 단속 진행하는 중 용맹스러운 남자들은 지하실 속에서 독립선언문을 목판에 색여 인쇄하여 비밀히 발송하고 여학생들은 면면촌촌(面面村村)으로 다니며 소매 속과 가슴에 감춘 독립선언문을 분전(分傳)하며 두만강 압록강 이남으로 삼천리강토 안 애국남녀들이 곳곳이 이러나서 이날에 시작된 대업의 성공을 계획했던 것입니다.

당시 왜정 압박 하에서는 군인과 헌병과 경찰이 한인 주구(走拘)들을 망라해서 전국을 수설불통(水泄不通)하게 만들어 노아 3인 이상의 회합을 못하게 하던 중입니다. 이 중에서 경향(京鄕) 각지에 수십만 명이 비밀리에 자유운동을 준비해서 일인들은 하나도 알지 못하게 만든 것은 세상이 다 깜작 놀나게 된 중 일인들이 더욱 놀랐던 것입니다.

이날을 당해서 13도 대표 33인이 서울 명월관(明月館)에 종용(從容)히 모여서 마지막으로 만찬을 난호고 돌아앉어서 독립선언서를 낭독하고 일일이 서명한 후에 왜경찰에게 전화로 불러서 우리를 잡아가라 하고 앉어서 기다렸던 것입니다. 동시에 전국에 각 대도회처에서는 여러 천명(千名) 여러 만명(萬名)식 모여 이 선언서를 낭독하고 만세를 천지진동하게 부르며 시위행렬을 정제히 시작한 것입니다.

그때부터는 경향 각처에서 애국남녀들이 독립선언서를 낭독하며 엄금하는 국기를 내여들고 평화로이 질서있게 기쁜 소기로 만세를 부르며 나갈 적에 일인에게 대해서는 악감이나 폭력을 조곰도 표한 것이 없었고 다만 한마음 한 정신으로 우리 한족이 다시 자유와 독립의 천연적 권위를 천 하에 포고하는 동시에 읍리에서 세계평화주창자들이 선언한 대의를 우리가 영원히 지키자는 결심을 맹서로 표시했던 것입니다. 이로서 일인들이 창검과 탄환으로 압박하며 구수(驅逐)하던 4200여년의 역사를 가진 이 민족이 다시는 남의 속박을 받지 아니하고 우리가 우리의 운명을 조종한다는 것을 표명했던 것입니다.

이것이 31년 전 오늘 우리 한족의 정신이오 기상이었던 것입니다. 우리 한족은 노예 대우를 받지 않겠다는 것을 세상에 표명했던 것입니다. 이것이 우리에게 유전된 사명이오 또 우리의 책임이었던 것입니다. 우리 민국이 이 정신으로 탄생하니만치 이 정신에서 살아있을 것을 우리가 영원히 믿는 바입니다.

그후로 세계는 또 한 번 대 전쟁을 지내서 강권 정책은 다 소멸되고 침략주의자가 영영 타도된 줄로 알았던 것인데 불행히 우리나라가 다시 외국강권자들의 수중에 빠저서 완전무결한 강토를 회복치 못하게 된 것입니다. 그러나 지금은 세계의 부강한 나라들이 우리의 친구이며 우리 반도의 일부와 우리 민족의 삼분지이는 자유를 누리며 우리 민족이 자유로 세운 정부가 자유권을 행사하고 있는 것입니다.

이날 우리 모든 민족은 과거를 기념하며 현재와 장래를 위해서 전적으로 공헌해야할 것이오, 기미년 이날의 결과로 민국의 건전한 기초를 세워 영구히 유전하게 될 것이니 아직도 의혹하는 자들과 반란을 도모하는 분자들이 자유민국의 연약한 정도를 이용해서 전복하려고 꾀하는 것을 우리가 다 배제하고 일심으로 배양하며 보호해서 건전한 민주국이 완성되도록 힘써야 할 것이니 우리는 남북이 통일된 완전 강토와 완전 국권을 회복할 때까지 쉬지 말고 퇴축(退縮)말고 분투매진해야 할 것입니다.

그러면 우리의 현재 환경은 어떠한가. 이 문제는 내가 대답하기 어려운 것이오. 오즉 31년전 오늘 용감하게 선언한 그 주의에만 비추어볼 것입니다. 오늘 이 자리에 참여하여 내 옆에 앉은 분들은 31년 전에 독립선언서에 서명한 후 죽기로 결심하고 싸운 33인 중 생존한 3분입니다. 이분들의 마음속에 있는 것은 여러 백만 명 애국남자의 마음속에 있는 똑같은 정신으로 압박자의 총검을 우리의 버슨 가슴으로 대적한 그 정신일 것뿐입니다.

우리의 제일 중대한 책임은 민국의 기초를 완성하는 것입니다. 이 목적을 1948년 8월 15일 위선 남방에서 달성되었으니 그것이 즉 대한민국의 성립입니다. 이만치라도 광복 성취한 것을 우리가 경축하는 동시에 삼팔선 이북에서 여러 백만 동포들이 외국인 압제 하에 자유를 빼앗기고 신음하는 것을 우리가 잠시라도 있지 못하는 것입니다.

오늘 우리가 일심으로 맹약(盟約)하는 것은 우리나라의 완전무결한 강토를 회복할 때까지는 우리가 죽기를 각오하고 투쟁할 것이니 이에 대해서 우리는 생명도 몰으고 평화도 몰을 것입니다.

어떤 친구들은 우리에게 말하기를 이북동포의 자유를 회복하기 위해서 외국의 괴뢰집단을 공격하는 것은 불가하다 합니다. 그러나 내가 그 친구에게 말한 것을 이 자리에서 여러 동포에게 다시 전하나니 우리는 우리 동족의 환난을 보고 가만히 않었을 수는 없다는 것입니다. 우리의 귀에는 금강산 골자기와 백두산 산협(山峽)에서 울며 우리를 부르는 동포의 소리만이 들리는 것입니다. 기미년에 시작한 이 대업은 이남이북에 우리 모든 동포가 다같이 누릴만한 자유를 회복하는 데서만 완성될 것입니다.

지금 소련의 야심이 극도에 이른 것을 누구나 다 양해하는 바입니다. 크렘을린에서 계획한 세계혁명주의가 과격한 정도에 달한 것을 우리는 다시 성명하는 바입니다. 중국이 공산당 손에 떨어진 것은 전 아세아가 공산세계가 되는 보조의 첫걸음일 것입니다. 또한 이것은 세계 모든 자유국가들이 대타격을 받을 것입니다.

우리가 우리 이북 토지를 회복하려는 데 대해서는 세계에 우리의 동맹국이 여렀인 것을 우리가 선언하는 바입니다. 모든 민주국 정치 대가들이 이 대세를 철저히 관찰하고 있는 것입니다. 모든 자유국가들이 공산제국주의와 대립해서 항거하거나 그렇지 않으면 모든 나라들이 이 공산테로에 하나식 빠질 것입니다. 지금은 우리가 오래 전부터 꿈처럼 생각하여 주창하던 보조를 모든 민주국이 다 실천해야 할 것입니다. 그러므로 우리가 통일을 부르짖는 전선에서 고립으로 싸우던 시기는 다 지낸 것입니다.

우리가 독립정부 밑에서 그동안 적지 않은 성공이 있었으나 앞으로는 더 많은 성공을 기대하며 일변으로 경제상 곤란을 교정하기에 노력하는 동시에 안팎으로 군사상 위협을 대항하면서도 지나간 열 여덟 삭(朔)동안 실질상 진보가 많은 것을 부인할 수 없는 바입니다.

농민들의 무거운 부담을 벗겨주고저 농지개혁법안(農地改革法案)을 국회에서 법률로 작정하였음으로 소작인들이 경작하는 농지의 소유권이 불구에 농민들에게 도라갈 것입니다. 이 중대한 농지문제를 이와 같이 속히 개혁시킨 것은 아직 다른 나라에서는 볼 수 없었으니 이에 대해서 우리가 서로 자랑할 만한 일입니다.

전시 중 비료가 없어서 농지에 생산력이 다 없어지게 된 것은 ECA에서 주는 비료의 힘으로 소출이 증가되어 금년도 소출 중에서 미곡 10만 톤을 외국에 수출해서 외화를 획득하고 동시에 잡곡을 수입하게 된 것입니다. 또 공장이 많이 발전되어 생산이 많이 늘었으며 이북에서 전기를 끊었으되 그 대신 우리의 발전량이 증가되어 공장이 거진 복구 중에 있으며 탄광채굴량이 네 갑절이나 되었고 앞으로도 더 증산될 것입니다. 또 우리의 어업이 기구 준비상 불충분으로 많은 장애를 받고 있으나 그런 중에서도 국재(國財)에 많은 도움이 될 만치 수입이 되고 있는 것입니다.

교육상으로는 우리가 최저한 정도에서 시작해서 건물을 새로 짓고 교과서를 새로 만들고 교원과 기술자를 양성하는 등 모든 교육사업에 극력해서 초등교육은 정부의 경비로 실시하고 있으며 국민의 무직 정도는 극히 축소되였으나 아직까지도 우리의 목적지에 도달치 못했으니 계속 전진해서 학교건물을 더 많이 짓고 더 원만하게 만들며 모든 시설과 교원 자격을 다 고등 정도에 도달케 할 것입니다.

더욱 우리의 남녀학생들이 학술상으로나 정신상으로나 정당한 시민 자격을 일우어 공사간 시민의 직책을 행함으로서 신선하고 진보적인 국가의 권위를 가지도록 노력하는 것이 우리나라의 제일 큰 목적이니 이 목적을 성취할 때까지는 우리가 쉬지 않고 노력할 것입니다.

우리나라의 제일 큰 한 가지 직책은 국방군을 하로바삐 충분히 준비할 것입니다. 민주자유주의와 공산독재주의가 서로 충돌되는 이 세계적 최전선이 우리 강토의 중간을 가로막고 있나니 세계가 일대 충돌 전선에 대립되고 있는 중에서 우리가 잠시라도 안전책을 지체할 수는 없는 것입니다.

우리의 원수들은 이북에서 핍건(逼健)히 준비하고 있어서 언제던지 병력으로 이남을 침범한다는 위협을 하고 있는 것이니 이 경우에 처해서 우리나라가 자유독립국으로 존재함에는 두 가지 조건이 필요하니 하나는 모든 민주 연맹국들의 우호적 동정으로 협조하는 것이오 또 하나는 우리 육해공군의 담량과 기능입니다. 이 두 가지는 우리가 다 가저야 될 것입니다.

우리 군인들의 열렬한 애국심과 전투적 기능은 여러 번 증명되고 또 우리가 이미 자랑하고 있는 바입니다. 이 군인들에게 그러한 자격이 있을 뿐만 아니라 그 담력으로서 우리 민중과 그 가족들을 보호해서 파양 행동을 진압하고 있는 것을 우리가 다 감사히 생각하는 바입니다. 그러나 우리가 지금 이 시대의 세계전쟁 방식을 아느니만치 담력만으로는 부족하다는 것이오 또 사소한 군기(軍器)로만도 부족할 것이니 우리가 쉬지 않고 노력할 것은 비행기와 군함과 탱크와 기타 병기를 상당히 준비할 것입니다.

동시에 국제상으로는 모든 나라들과 우호상 결연을 맺어서 서로 보호하고 협조해야할 것이니 지금 세상에는 아모리 부강한 나라라도 고립하기는 불가능한 것입니다. 그러므로 우리의 운명이 또한 세계 모든 자유국가의 운명과 연결이 된 것입니다.

우리가 UN에 대해서 감사히 여기는 것은 UN에서 우리나라 통일을 위하여 쉬지 않고 그 책임을 계속 이행함으로 이 국제적 연합체가 요구하는 모든 협력을 우리가 끝까지 기뻐하며 남북이 다 자유로 통합되기까지는 이 단체에서 간단없이 노력할 것은 굳게 믿는 바입니다.

또 이 3월 초하로를 당(當)하여 특별히 미국에서 우리를 도아주는 공로를 인증치 않을 수 업는 것입니다. 미국의 군사상 경제상 원조안이 없었으면 오늘 우리가 자유를 경축할 여지가 없었을 것입니다. 트루맨 대통령의 원대한 정책과 주의가 아니었으면 모든 민주국가들이 공산제국주의에 대항해서 침략을 정지하라는 의도를 표시할 능력이 없었을 것입니다. 이 트루맨 정책으로 희랍(希臘)과 토이기(土耳其)와 이란의 공산당 승리를 막았고 불국(佛國)과 이태리(伊太利)에서 공산당의 발전을 정지시켰고 또 소련 봉쇄로 참담하게 된 백림시(伯林市)를 건저낸 것입니다. 합동해서 대항하는 이 정신이 아세아에 편만(遍蔓)될 공산당을 조지(阻止)시킬 것입니다.

세계 민주국가 측에서는 이번 많은 기회를 가직 담량과 결심으로 공동 방위하는 곳에서는 공산당에 침략이 퇴축(退縮)된다는 것을 각오한 것입니다. 이와 같이 배운 경험을 잊어버리고 또 다시 동양세계를 포기할 수는 없을 것입니다. 기왕에 내가 수차 발론(發論)한 것은 태평양(太平洋) 연안 모든 나라들이 각각 국가독립과 민생안전을 보장할 만한 단결이 있을 것을 주장한 것입니다. 내가 이 의도를 다시 한 번 주장하는 바는 태평양연맹(太平洋聯盟)이 협의로 시작된 것 같이 아세아 모든 나라들로 합동해서 단결을 발전시켜야할 것입니다.

근년의 경험으로 배운 바와 같이 합동에서만 힘이 생기는 것입니다. 구라파 모든 나라들이 합동해서 공산파동을 막은 것 같이 태평양 연안 모든 나라들도 속히 단결해서 소를 일키 전에 오양간을 고쳐야 할 것입니다. 이에 대해서 군사상 동맹은 직접으로나 간접으로나 처음에는 필요치 않을 것 같고 오직 합동한 나라들은 각각 사회적 경제적 문화적으로 서로 교환해서 발전하기에 힘쓸 것이니 공산제국주의는 무력이 아니고는 영구히 막기 어려울 것이지만 경제적 문화적 합동이 아니고는 또한 어려울 것임으로 내가 제의하는 바는 우선 사회 경제 문화 방면으로부터 시작해서 태평양(太平洋)연안 제국의 안전을 점차로 발전시킬 것이오 그후의 진전은 시간에 따라서 작정될 것입니다.

또 기미년 3월 1일에 만세운동을 주창한 애국선배들에게 선언하는 바는 여러 선배들이 시작한 싸흠을 지금 우리가 싸워나가는 것입니다. 그 역사적 기회에 선언한 목적을 우리가 아직도 다 성공치 못했으나 우리가 날로 성취해나가는 중입니다.

1919년의 담량과 결심이 1950년 이해에 여전히 살아있는 것입니다. 만세혁명에 일어난 자유전쟁에 우리는 우리의 몸을 또다시 새로히 공헌하는 것입니다.

우리가 정신의 합동이오, 목적의 합동이오, 또 역량의 합동이니 자유로 합심해서 진보적 번영을 목적하고 나아가는 운동은 성공할 수밖에 없는 것입니다.

1950년 3월 1일 내가 우리 일반 애국동포들에게 한말로 결론하려는 것은 우리 앞에 놓인 큰 목적을 도달하기에 우리가 어깨를 겼고 같이 서서 나가자는 것입니다. 우리가 취하려는 것은 곤란과 희생을 같이 무릅쓰고 복스러운 나라를 건설하자는 것입니다. 우리가 우리 직책을 다해서 우리 일을 성취하자는 것입니다. 우리가 민국의 기초를 공고히 세워서 우리의 영광스러운 역사를 다시 연출하며 더욱 영광스럽게 하자는 것입니다.

(『주보』 47)

개헌에 국민투표

1950. 03. 03

개헌문제에 대해서 나는 책임상 기왕에 몇 번 설명한 바 있었으므로 다시 발론(發論)하지 않고 오직 그 결과를 보아 행하고저 하는 바이다. 지금도 나의 믿는 바로는 국회의원들의 대다수는 애국정신을 가진 양심적 지도자이니 만치 국가의 중대한 문제에 대하여 투표를 행할 때에는 사심을 버리고 공심을 따를 줄로 믿으므로 이에 대해서는 특별히 고려를 가지지 아니하며 오직 대통령의 직책으로 헌법보장을 선서하니 만치 원칙을 들어 나의 입장을 알리고저 하는 바이다. 어떤 국회에서든지 그 국회에서 제정한 법률을 그 국회가 개선되기 전에 자기들끼리 고친다는 것은 그 국회 자체의 위신으로 보던지, 또 헌법의 중요성으로 보던지 행치 못할 줄로 일반이 인정하고 있는 바인데, 우리로서는 전제주의가 변해서 민주국이 성립될 적에 이 헌법을 기초로 해서 민국의 토대를 세운 것이므로 이 헌법의 중요한 정강(政綱)을 국회의원들이 돌아앉아서 개정하기 사작하던 민주정체의 근본을 요동해서 이 뒤에 오는 국회에서 언제든지 임의로 번복할 수 있을 것이요, 또 그렇게 할 수 있다면, 이는 민국자체의 근본을 요동시키는 것이니, 헌법 개정을 심상히 볼 수 없는 것이다. 그러므로 이번 개헌문제의 경중을 막론하고 개정이라는 것부터 중대성을 가진 것이니 사람마다 이를 경홀(輕忽)히 보지 말고 헌법을 보장할 방식을 세워야만 될 것인 바 이는 정부당국의 세력이다.

민간을 위협으로 행하려는 것은 민주정체의 정당한 길이 아니요, 오직 민간에서 자유로 공론을 일으켜 민의가 어떠하다는 것을 표시함에 있으니 이때에 민중의 정당한 의사를 표시하는 것이 국회의원들로 하여금 그들이 민의를 대표하는 책임상 자의(諮意)로 행할 수 없다는 것을 보여줄 것이며, 또 이런 중대한 문제가 불행히 통과된다 하드라도 민국의 중대한 관계를 갖인 문제이니 만큼 필경 국민전체의 공론에 붙혀서 공결시킬 수 있는 것이므로 이런 문제가 전 민족의 투표로 공결되게 될 때에는 누구나 이를 중요시해서 각자의 양심과 공심대로만 투표로 표시해서 작정되는 대로 이에 복종하는 것이니 이러한 정당한 방식이 앞에 있으므로 부질없이 인심을 선동하거나 위협하는 등 번론(煩論)이나 행동을 절대로 피하여야 할 것이다.

우리가 주장하는 바는 헌법은 무슨 조건이나 다 개정하지 못한다는 것이 아니요, 무슨 조건이나 헌법대로만 교정해야 될 것이다. 그중에 중대한 기본적 조건만은 입법부에서나 행정부나 사법부나 또는 민간에서 이를 절대 옹호해서 헌법기초자들이 세운 강령은 결코 요동시키지 못할 줄로 알고, 누구던지 요동시키려는 자가 있으면 전국이 다 일어나서 이를 방지할 직책과 권한이 있음을 깨닫고, 국민 된 의무를 행하여야 일후부터는 사사관계(私事關係)나 당파주의(黨派主義)로 개헌하자는 문제가 다시는 일어나지 못할 것이니 일반 애국동포들은 이에 대한 철저한 양해가 있기를 바라는 바이다.

(『대통령이승만박사담화집』, 공보처, 1953)

국정감사(國政監査) 공개 의도를 의구

1950. 03. 04

　근일 국회에서 국정감사 문제로 행정부 각 장관의 실책을 들어 국무위원들을 청하여 공개로 일일히 토죄(討罪)하였는데, 그 목적은 정부 부정한 행사를 막고 민생의 안정을 추진시키려 함에 있을 것이다. 그렇다면 그 의도가 공심에서 나온 것으로 짐작할 수 있으나 그 방식은 그러한 것이 아니요, 정부가 이렇게 부패해서 대통령책임제로 방임할 수 없으니, 헌법을 개정하고 대통령의 권한을 속박해서 국회에서 국무총리를 선정도 하고, 갱체(更替)도 하자는 의사가 포함된 줄로 보지 않을 수 없는 것이다.

　만일 정부당국들의 비행을 교정하는 것이 유일한 목적이라면, 그 조사한 안건을 감찰위원회(監察委員會)나 검찰당국이나 또는 사법부 법관들에게 넘겨서 조처할 수도 있을 것인데, 이것을 공개로 성토해서 국회가 재판소처럼 범인들을 불러 앉히고 문초하듯 한다는 것은 법리적 방식도 아니오, 공정히 조처하자는 본의도 아니므로 행정당국들이 국회에 대한 대답으로 변박(辨駁)도 할 수 있고, 또 국회의원들의 비행을 들어 공포할 수도 있을 것이다.

이와 같이 된다면 서로 혼란과 충돌을 만드는 것이니, 이는 비행을 막느니 보다 혼동을 일으키게 될 것이므로 민심을 어즈럽게 할 것이요, 또 대통령으로는 법관이 아니니만치 누가 잘하고 잘못한 것을 일일히 택정(擇定)해서 판단할 수 없으므로 부득이 사법에 부쳐서 공판을 기다릴 수 박게 다른 도리가 없을 것임에 이는 순조로 해결하려는 보조(步調)와 배치(背馳)됨을 인증하지 않을 수 없는 것이다.

남의 나라에서도 국회에서 정부와 충돌되어 행정관들의 비행을 들어 시비도 하고, 탄핵(彈劾)도 하는 수가 있지만, 이는 다소간 정당관계로 한 정당이 정권을 잡고 앉아서 세력으로 지위를 보호하고 정령(政令)을 진행할 때에는 다른 정당에서 정부당국의 비행을 폭로시켜 민중들이 그 정당을 믿지 말고, 자기 정당을 내세워 주기를 바라고 하는 일이지만, 우리로는 공정한 정당세력도 아직 충분히 발전되지 못했고, 또 정부에서도 어떤 정당을 붓잡고 다른 정당을 들어내려는 것도 아니며, 어떠한 관리를 물론하고 비행만 있으면 이를 막기 위하여 확실한 증거 있는 보고를 요구하고 있는 것이니, 어떠한 비행이든지 정당한 방법으로 당국에 알리기만 하면 당국에서 법에 따라 이를 조처할 것임에도 불구하고 국회에서는 정부의 단점을 표시하기 위하여 공개로 취모멱자(吹毛覓疵)하는 태도를 취해서 가령 예를 들자면 외국 원조물자에까지 언급하여 이를 세상에 발표한다는 것은 사실의 유무를 물론하고 정부의 위신을 타락시키자는 것과 우방의 원조를 방해하자는 의도에서 나온 것 같은 인상을 주는 것으로 보지 않을 수 없는 것이니, 금후로는 이런 문제가 있을 때에는 위원을 정해서 정부당국들과 종용(從容)히 토의하고, 대통령의 권한 내에서 법으로 조처할 도리가 있도록 만드는 것이 가장 정당한 방식일 것이다.

(『대통령이승만박사담화집』, 공보처, 1953)

차기 총선거 5월 30일 내에 단행

1950. 03. 21

총선거 연기에 대한 일반 공론에 의하면, 금 5월 30일을 넘지 말고, 헌법상 원칙대로 진행하는 것이 옳다는 것을 민간에서 절대 주장하는 것을 볼 적에 나로는 많은 안위를 가졌으니 이는 우리 민족이 장구히 민주제도를 보전할 수 있다는 것을 믿을 수 있는 연고이다. 이와 같은 민의의 경향을 본 나로서는 대통령의 지시로 총선거를 5월 30일 이내에 실시할 것을 절대 지지하는 바이다.

그동안 다른 의견을 다소간 설명한 적이 있었으나 그것은 다 그때의 형편에 비추어서 6월 30일 이내로 어느 날을 정하는 것이 좋겠다고 한 이유는 국회의원들이 선거운동에 긴박한 것을 느끼고 각각 선거구(選擧區)에 돌아가게 되면, 국회의 정원수가 부족하므로 신년도 예산안과 기타 긴박한 안건을 다 통과시킬 수 없는 위험성이 있다는 것을 우려해서 그와 같은 의견을 표시한 것인데, 기후(其後) 여러 방면의 의견을 듣건대 6월은 농기(農期)에 관계되므로 피해야 되겠고, 또 헌법상 현 국회 존재가 5월 말까지 이므로 6월까지 연기하는 것은 곤란한 동시에 5월 30일 이내로 선거를 진행하는 데 대하여 민간 의견이 이에 많이 일치되고 있으므로 그대로 진행할 것을 나로서도 주장하는 바이다. 5월 30일 이내로 선거를 진행하게 되는 것은 지금부터 대략 9주일가량 시일이 남았으니, 국회에서 몇몇 안건을 협의적으로 많은 시일을 요구치 않고 다 통과시킬 수 있을 것인 바 신년도 예산안은 민국정부수립 이후 처음으로 수지균형(收支均衡)을 맞춰논 것이니 국회에서도 별로 토의할 조건이 많지 않을 것이요, 다만 건토해서 그 예산안 한도 내에서 준행하라는 것을 통과시켜 놓으면 남어지 조건은 행정부에서 그 의도에 따라 준행할 것이요, 그외의 몇 가지 조건이 역시 세칙에 관계되는 것이므로 며칠 이내에 다 토의할 수 있을 것이니 남어지 약 2개월 동안이면 선거운동에 과히 조급하지 않을 터이므로 그대로 진행하기에 큰 곤란이 없을 것이다.

(『대통령이승만박사담화집』, 공보처, 1953)

선거 연기에 대하여

1950. 04. 04

선거 일자에 대해서 여러 번 개정하는 것이 나 일개인에 관계가 있거나, 또는 남의 전설만 듣고서 조변석개(朝變夕改)하는 것이 결코 아니요, 정계(政界) 풍운(風雲)이 대내 내외에서 날로 변동되는 이때에 대통령이 자기의 위신이나 주장이나 혹은 의사만을 고집하는 태도를 가지면 도리어 국사에 방해됨을 면키 어려운 형편에서 이같이 한 것이니, 전에도 말한 바와 같이 정부 예산안이 수지 균형을 맞추지 않고는 E·C·A 원조나, 또는 국내 경제책(經濟策)으로나 대 타격을 면할 수 없을 것이므로 무엇을 희생하더라도 이 예산안이 하로바삐 통과되어야 할 것이요, 이것을 통과시킴에는 국회의원들이 다 참회(參會)해서 성수(成數)가 되어야만 토의할 수 있게 될 터인데, 총선거를 5월 내로 실시하게 되면 국회의 성수를 얻을 가망이 없음이 사실이요, 그렇게 되면 예산안을 통과할 방책이 없으니 설령 정부에서 국회의원을 강청(強請)해서 총망중에 통과시킨다 할지라도 그 결과가 어찌될 것이 미상하므로 11월까지 기한하는 것이 유일한 방식이라는 의도 하에서 이같이 작정한 것이요, 또 그 일자를 11월 추수 이후로 하면 각 방면으로 편의할 것이므로 부득이한 사정 하에서 이같이 한 것인데, 국회에서 작정한 바로 보면, 5월을 넘기지 말고 실시하는 것이 좋겠다는 의도로 국회를 휴회하고 4월 4일 다시 개회해서 예산안을 토의하기로 되었다 하니 이것이 국회의원들의 원만한 생각이요, 또 민중이 지지할 것이므로 행정부에서는 이에 협력하며 국회의원들이 전적으로 출석해서 이 예산안을 완전히 통과시키기를 바라는 바이다.

(『대통령이승만박사담화집』, 공보처, 1953)

구(舊) 왕궁칭호는 이조왕궁실(李朝王宮室)로

1950. 04. 13

전 이조왕실에 속한 재산처분법이 국회에서 통과되어 기왕에도 이 재산이 준 국유재산임에는 의문이 없었으나, 이번에 정식으로 완전한 국유재산으로 결정된 것은 우리가 다 기대하던 바로서 이 법안을 대통령이 공포하였으나 통과된 동 법안 중 몇 가지 재산이 포함되지 않은 것이 있고, 또 명칭을 교정할 필요가 있는 관계로 국회에서 이를 토의할 시간상 여유가 있는 기회를 기다려서 수정안을 제출하려 하는 바, 통과된 법안으로서도 그 재산 법위를 어느 정도로 확정 못할 것은 아니나, 국유로서 존치할 재산 중에 운현궁(雲峴宮), 칠궁(七宮), 영친왕궁(英親王宮), 종묘(宗廟), 왕릉(王陵), 동물원, 기타 산림, 전답 등을 법으로써 명시함이 안전처리상의 의문도 없어질 것이요, 또 명칭으로도 이왕직이라, 구왕궁이라 하는 것은 왜정시대에 부르던 명사로서 우리로는 이조왕실로 개정하는 것이 우리 국가의 체면으로나, 또는 국민의 공원에 적합할 것이므로 국회에서도 아무 이론이 없을 것을 믿고 다시 교정하려 하는 바이다.

(『대통령이승만박사담화집』, 공보처, 1953)

수예(手藝)로 외화 획득하자

1950. 04. 15

　해방 이후로 외국인들이 우리 한국에 와서 얼마식 있다가 갈 적에는 저의 가족과 친구들에게 기념품을 보내고 싶어서 사방으로 다니며 찾아보다 상당한 물건이 없어서 보내지 못한다는 한탄을 하면서 비평하는 사람도 있었는데, 우리나라 사람들은 보통으로 할일이 없어 논다는 사람뿐이요, 이런 것이라도 손으로 만들어 남에게 팔아서 외국 돈을 얻어들임이 개인으로도 이익 되고 국가로서도 경제책이 될 것을 깨닫는 사람이 적으니 이 방면으로 주의하고 권장해서 물건 만들기를 힘써야 할 것이다.

　이번 미국 항공모함 '빡서'호가 들어옴에 따라 2척 3백 명이나 되는 해군이 상륙해가지고 여기저기 다니며 제일 먼저 주목한 것이 기념품을 사서 가족과 침구들에게 보내고 싶은 것인데 이 방면으로 만든 것이 심히 엉성해서 살 것이 없다고 우리에게 물으며 알려 달라 하여 대답기 곤난하였으나 지금부터는 이런 방면에 유의해서 외국 사람들에게 물어서라도 어떤 것을 어떻게 만들면 좋을 것을 배워 점방에 내놓으면 그 효과를 알 수 있을 것이다.

『대통령이승만박사담화집』, 공보처, 1953)

사무 계속성 긴요, 공무원 정당색을 불식

1950. 04. 18

정부 각처의 국(局), 과(課)는 국가의 행정기관이므로 그 기관을 통해서 정부당국의 정형(情形)을 발표, 시행하는 것이다. 그런데 민국제도에 따라 대통령이 몇 해에 한 번식 갈리게 되면, 각원들이 혹 변동될 필요도 있고, 또 그중간시기이라도 간혹 변동될 수 있으니 이는 정당이나 정책에 따라서 다소간 그와 같이 됨을 면할 수 없을 것이다. 그러나 이 변동으로 말미아마 그 나라 정부, 행정기관이 번번히 변동된다면 그 나라의 행정사업을 일정한 제도대로 진행할 기관이 다 무너지게 될 것이니, 이렇게 되고는 정치상 변동이 반삭하므로 말미아마 정부의 안전을 보장할 수 없는 것이다.

그러므로 각 부처의 차관(次官), 차장(次長) 이하는 장관이나 처장(處長)이 변동되드라도 거기에 따라 변동되지 말고, 그 부처 내의 사무를 주관해서 여일히 진행해 나가는 사람이 되어야 국가가 장구히 서게 되고 또 민간의 신뢰가 생기며 동시에 사무가 진전될 것이다. 그러므로 금후부터는 각 부처의 장관이나 처장이 변동될 지라도 차관, 차장 이하는 일정한 제도에 따라 사무를 진행해야 할 것이요, 비록 새 장관이 들어와서 다소간 정책상 변경이 있을 지라도 사무 진행만은 손해가 없이 만들어 노아야 될 것이니, 이 정신과 이 방식을 완전히 주장해서 경홀히 변천하는 폐가 없어야 될 것이다. 이와 같이 하려면 사람마다 두 가지 필요한 각오를 가져야 될 것이니,

첫째로 정부공무원들은 정당색채를 버서나서 정치상 어떠한 관계가 있을지라도 그 투쟁에 참여하지 말아야만 될 것이다.

둘째로는 한인(韓人)들이 한 가지 급히 배워야 할 것은 상관의 명령을 복종하는 것이다.

우리 민국제도 내에는 아무리 높은 지위에 있다 할지라도 상관 없는 사람은 없다. 대통령이 제일 높은 지위일 것 같으나, 실상은 대통령의 상전이 제일 많아서 민중이 즉 대통령의 상전이므로 대통령은 민중의 공복(公僕)인 것이다. 그러므로 대통령부터 민의에 따라 정책을 행할 것이요, 그 지차로는 한 사람도 상관이나 웃사람이 없는 자가 없으니, 미국사람들도 '보스'라는 것이 있어 어려서부터라도 보스의 명령은 복종해야만 되고 웃사람의 명령을 복종하지 않는 사람은 사회적으로 대우해 주지 않는다.

우리 한인으로서는 기왕에는 왕명(王命)을 복종하지 않으면 살지 못하고, 또 사람 노릇을 못한다는 것으로 알려졌으니 지금은 이전에 왕명을 복종하던 대신으로 민의에 복종하여야만 민주정당을 보전해 가지고 서로 합작협동해서 복화(福和)를 진전시키고 번영으로 발전시킬 것이다.

『대통령이승만박사담화집』, 공보처, 1953)

식목(植木)보다도 애림(愛林)하자

1950. 04. 18

기차를 타거나 비행기를 타고 보면 산림을 작벌해서 사람의 벗은 몸과 헌다난 자리처럼 보기에 참혹한 것이 경인선과 경부선 부근이요, 그밖에도 사람 사는 곳마다 보기에 싫고 살기에 좋지 못한 광경을 만들고 있으니 우리 전 민족이 이것을 큰 수치로 알고 사람마다 기여히 이를 교정하기에 결심하고 노력해야만 될 것이다.

작년에도 묘목 1억 5천여 만주를 심고 금년만 하드라도 2억 3천여 만주를 심근 것은 우리가 다 자랑할 만한 일이다. 이 많은 묘목이 다 어떻게 되었는지 황토와 백사가 산언덕에서 여전히 흐터져 내리고 있으니 그 이유는 첫째로 나무를 심는 사람들이 많이 심그기 위해서 각각 아무데나 꽂아 놓고 보니 그 나무가 살기 어려울 것이요, 또 산에 오르는 사람들이 나무를 밟고 꺾어서 못 살게 하며 또 무식한 사람들이 칼퀴와 낫으로 긁고 베어서 살아나오는 나무조차 죽게 만들며, 둘째로는 천연생으로 난 소나무의 기타 다른 나무들이 산에 덮여 있는 것을 그냥 버려두지 말고 보호만 잘해주면 수년 내에 자라서 파랗게 될 것인데, 사람마다 목전에 잠시 없는 것만 생각하고 내일도 살아야 되겠다는 것을 생각지 못하는 관계로 산언덕을 파고 채소와 모맥을 심기 위해서 언덕을 무너내리게 하면, 또 모래가 흘러서 강과 시내를 막게 만들어 제일 우려할 바이다.

이러한 중대 문제는 정부에서 우려해서 매년 몇 억만식 묘목을 만들어 많은 재정을 쓰면서 식목하는 대신에 우선 어린아이들부터 교육해서 수목을 기르고 보호하도록 하는 것이 2, 3년 후에 나라를 좋게 만들고 살기에 편리하게 하는 것이요, 또 일변으로는 금산경관을 도처에 두어 수목을 애호하며 산천을 보호하는 일을 착수해야 될 것이다.

이러한 것을 영화로 보이고 글과 말로 전국에 펴쳐서 주야로 선전시켜야 다 각오될 것이니, 이에 대한 민족적 관심과 주의가 깊고 커야 할 것이다.

(『대통령이승만박사담화집』, 공보처, 1953)

마라톤의 승리는 민족 전체의 영광

1950. 04. 21

나는 우리의 삼(三) 선수가 작일 개최된 '포스톤 마라톤' 대회에서 1, 2, 3착(着)을 획득한 데 대하여 기쁘게 생각하는 바이다. 우리가 과거 사십 년간 국제경기에 참가할 기회를 박탈당하였던 고(故)로 우리 국민의 마음 속 깊이 잠겨있던 결심과 투지를 이번에야 우리 선수들이 발휘하게 되었던 것이다. 뿐만 아니라 극동(極東)에서 미군의 승리로 인하여 해방된 우리 한국은 다시금 국제상 정당한 지위를 차지하게 되었다. 우리는 앞으로 이러한 투지와 UN 및 미국의 협조원조로 불원(不遠)간 공산당 전체주의정권(全體主義政權)에 지배되고 있는 우리 조국의 북반(北半)을 회복할 것을 더욱 확신하는 바이다.

(『대통령이승만박사담화집』, 공보처, 1953)

국회 업적을 치하, 애국의원 선출을 요망

1950. 04. 27

지난 24일로서 민국 제1회 국회가 그 임무를 마추게 된 것을 감사한 생각으로 치하하는 바이다.

이 국회가 우리나라 역사상 처음 되는 국회로서 민권을 대표하여 정부를 세우고 국법을 제정해서 국민의 자유와 복리를 진전시키기에 노력한 결과 2년의 임기를 충분히 마추게 되는 동시에 제2회 국회의 총선거를 당하게 된 것은 남북을 물론하고 우리 전 민족이 다 서로 치하 할만한 업적일 것이다.

과거 2년 동안 소위 기성 국가라는 나라 중에서도 국회의 변동과 정계의 풍운변태(風雲變態)가 한두 번이 아니였었는데, 우리로서는 민주제도를 처음 시작하는 초대에 이만큼 계속 진행해서 선시선종(善始善終)의 성적을 이루게 된 것은 우리가 다 자랑할 만한 일이다. 물론

그동안 행정부와 충돌된 일도 몇 번 있었고 또 국회 내에 다소 불미한 일이 전연 없었다고도 할 수 없으나, 이것은 다 민주국가에 있어서의 과정을 밟아나아가는 것이므로 서로 양해해야 할 것이요, 특별히 생광(生光)스러운 것은 정권이 이양된 첫 해에는 두서를 차리기 어려운 중에서 정부예산의 수지균형을 생각할 여가조차 없었지만, 제2년도 예산은 정부경비를 축소시키고, 균형을 맞춰서 적자(赤字)의 약점 없이 만들었으니 국회와 정부가 합동해서 크게 성공한 것을 치하하는 바이다.

더욱이 총선거 일자가 촉박한 관계로 의원 중 얼마는 의석을 비이고, 각각 돌아가서 선거운동에 전력하는 동안에도 나머지 의원들은 책임감을 가지고 쉬지 않고 노력해서 예산안건을 통과하게 된 데 대해서는 우리가 그 애국성심을 국민에게 더욱 알리고자 하는 바이다. 우리 국민들이 몽매한 처지가 아니므로 국회의원 중 어떤 분의 의도가 어떠하며, 어떤 분의 애국심이 어떠하다는 것을 과거 2년 동안의 경력으로 많이 알고 있을 터이니 이번 입후보되는 분들 중에서 공정하고, 애국애족하는 의원들은 재선될 가능이 있을 것이요, 또 모든 유권자들은 이러한 분들의 과거 업적을 보아 정중히 투표하므로서 앞으로 의로운 사람들이 국회를 주장하게 되기를 부탁하는 바이다.

(『대통령이승만박사담화집』, 공보처, 1953)

자유분위기를 절대로 보장,
국경관공리(軍警官公吏)의 간섭은 엄벌

1950. 04. 30

　자래로 우리나라는 군주국가로서 임군과 임군의 친근한 사람들만이 자유로 잘살게 하려던 군주정체를 일변해서 지금은 대다수의 가난하고 천대받던 민중들이 잘살고, 또 자유를 누릴 수 있게 하자는 민주정체를 세워왔으니 이전에 군주정체를 보호하려고 세력과 노력을 다하던 양반들이 하던 일을 지금은 모든 백성들이 자기가 새로 얻은 권리를 정당히 사용하므로서 그 이익을 보호해야만 될 것이다.

　그렇지 않으면, 민주정부에서 보호하려는 민권과 자유를 보호할 사람이 없을 것이요, 따라서 민중의 권리를 빼았으려는 권력가나 또는 어떤 계급 사람들이 백방으로 도모해서 민주정부의 이름만 남기고 실권은 다 빼았은 후 또다시 자기들의 이익과 자유만을 위하여 모든 것을 보장하게 만들 것이다.

전제정치 하에서 민중들이 각기 자기의 자유와 복리를 보호하려는 권리는 오직 투표선거에 의한 것이니, 민중들이 자기의 권리와 복리가 중대함을 깨달아 그 선거권을 정당히 사용할줄 알고, 또 정당히 사용하므로써 헌법을 보장하며 민권을 실행해야만 될 것임에, 이것이 금번 총선거에 있어서 우리 일반 남녀시민들이 가질 바 막대한 권리요, 또한 직책일 것이다. 제1회 총선거에 우리가 우리의 시민권을 상당히 사용했으므로 오늘 민주정체의 토대가 이만큼 잡히게 된 것이니, 제2회 총선거도 공정하고 정대하게 선거를 진행시켜 오늘까지 성공한 것을 한 층 공고히 하고 더 빛나게 함이 우리 동포들의 가장 긴절(緊切)하고 중대한 책임일 것이다.

우리가 항상 크게 주장하는 바는 자유분위기라는 것이니, 정부 관리나 군경이나 혹은 정부기관에 소속한 단체에서 다소라도 선거에 간섭해서 투표의 자유를 방해한다는 평론이라도 절대 없어야 할 것이니, 수도나 또는 각 지방관리들 중에 공개로나 비밀리에서 혹은 파당적 주의로 혹은 사리나 사욕관계로 민중의 투표권을 장애하는 행동이 발로될 때에는 조금도 용서없이 중벌에 처하게 될 것이므로 사람마다 이에 극히 주의해야 할 것이요, 또 정부의 시책으로는 어떤 정당이나 파당을 절대 찬성하는 것이 없는 터이니, 혹 어떤 개인이나 단체에서 대통령이나 정부의 명의를 팔아 선거운동에 이용하려는 폐단이 있으면 이러한 것은 절실히 조사해서 막을 뿐만 아니라 그 사실을 당국에 보고해서 허무한 선전은 엄절히 징벌케 하는 동시에 일반 민중은 이러한 허위선전에 속지 말아야 할 것이다.

본래 정부의 주장으로는 언제든지 미주정체를 보전해서 민권과 국권을 철저히 보호하려는 것이요, 또 그것이 유일한 목적이므로 비민주정체의 사상이나 주의를 가지고 피선되기를 피하는 자는 정부와 민중의 절대한 협력으로 한 사람이라도 당선될 수 없도록 법리상 한도 내에서 정당한 보조를 취하는 동시에 애국애족하는 인도자들이 피선되도록 노력할 것이며, 근자에 군인장교로서 입후보하려는 자들이 경향(京鄕)에 혹시 있다는 보고가 있으나, 본래 군인이라는 것은 국가에 헌신해서 국방을 위하여 중대한 직책을 가진 자로서 파면을 당하거나 정식으로 해임한 외에는 일생을 군인으로 바쳐야 할 것이므로 결코 입후자가 될 수 없을 것이며, 또 입후보자로서 선거운동비를 많이 쓰는 사람은 자기의 자격이 부족한 것을 스스로 인정하는 것이므로 유권자들은 이러한 자들에게 절대 주의해서 아모리 친근하고, 또 명망이 있는 자라 할지라도 그들에게 투표한다는 것은 나라에 대한 직책을 등한히 하는 것이니, 돈을 주거나 음식을 먹이거나 회물(賄物)을 가지고 투표를 얻고자 하는 자가 있으면, 그들에게는 절대로 투표를 주지 않기로 결심해야만 될 것이다.

　제1회 총선거 후 우리 국민에게 가장 칭찬된 말은 돈을 많이 쓴 사람들의 다수가 실패되어 이로서 우리의 투표가 명철한 민족의 투표로 인정받게 된 것이니, 이번 제2회 총선거에도 더욱 힘써서 재정으로서 품행과 인격을 대신하려는 자들은 피선될 수 없이 하는 것이 우리가 극히 주의할 한 가지 중요한 점일 것이다.

　우리가 입후보자들의 인격과 행동을 볼 적에 다만 전설이나 선전만을 듣고 그 사람을 평하지 말고, 오직 그 사람이 전에 행한 일을 보아서 그 사상과 주의가 어떠한 것을 판단해야 할 것이니, 공정한 애국자로서 각각 마음속에 각오와 신념이 있는 사람들은 남의 험담이나 훼방에 흔들리지 않고, 자기가 정한대로 행해 나갈 것이요, 더욱 회물이나 어떤 도움을 받기 위해서 믿을 수 없는 사람에게 투표를 준다면, 이는 신성한 국민의 권리를 악용하는 것이므로 국가와 공익에 큰 해를 끼치는 자이니 이러한 국민은 한 사람도 없어야 될 것이다. 혹 어떤 나라에는 소위 반동분자들이 있어서 선거 때가 되면 개인이나 단체가 충동을 이르켜 극렬한 투쟁으로 피를 흘리는 일까지도 있으니, 우리는 이러한 폐단이 절대 없도록 관민합심해서 자유 분위기를 보장하며 선거를 마쳐야 할 것이다.

우리 민족의 상식 정도와 판단력이 상당한 지위에 있는 것을 우리가 다 믿는 터이므로 이번 총선거가 아무리 어려운 경우가 있다 할지라도 결국은 진정한 애국자들이 피선되어 정당한 국회를 조직해서 국제민생(國濟民生)에 많은 복리를 주게 될 줄로 믿는 바이니, 모든 동포들은 이에 극히 주의해서 우리의 모든 친우들이 상쾌히 여기며, 우리를 비평하는 자들이 낙심하도록 만들어야 할 것이다.

(『대통령이승만박사담화집』, 공보처, 1953)

개과천선할 기회

1950. 05. 31

내가 오랫동안 이북동포에게 대해서 아모 말도 못하고 지내온 것은 이북동포의 곤란한 정형이나 통분한 생각을 잠시라도 이저버린 것이 아니오. 오직 무슨 말로서 환난에 빠진 동포에게 구제가 되고 위로가 될런지 알 길이 없어서 침묵하고 하로바삐 세계대세가 변동되여 평화적으로 우리 문제가 해결되기를 기다리여 우리의 힘까지는 이 방면으로 추진되기를 노력하고 있는 중이다.

지금 세계대세가 날마다 변천되여서 공산반대운동이 우리의 의도와 같이 진전되고 있는 중이니 1년 전 세계사조에만 비교하더라도 많은 변경이 있고 또 3년 전 사상에 비교하면 천양지차(天壤之差)라고 할 수 있을 것이니 이와 같이 계속적으로 변동되어 나간다면 멀지 않은 장래에 우리 문제도 따라서 해결될 희망이 없지 아니하나 역사상 이러한 분열이 한 번도 없은 반만년 고대국의 민족으로서 남의 강권정책에 걸려 남북이 맥켜 가지고 5년 세월을 지내고 있다면 우리는 다 죽은 사람들이오, 또 살아서도 피가 없는 백성이라는 지목을 면키 어려울 것이므로 우리의 결심대로 한다면 우리의 생사와 세계의 화복안위(禍福安危)를 불계(不計)하고 즉시 우리의 손으로 해결하고 말자는 각오가 하로에도 몇 번식 생길 때가 있으나 이와 같이 한다면 안으로는 민족상쟁의 유혈을 피하기 어려울 것이오 국제상으로는 UN과 합중국이 우리를 동정해서 경제와 군사상 방면으로 원조하는 성심이 날로 강화하고 또 세계 모든 나라들이 서로 의지하며 보호해서 평화를 유지하자는 이때에 우리가 단독행동으로 눈을 감고 매진한다면 이것이 또한 중대한 관계성을 가지게 되므로 앞뒤를 도라보아 인내하고 무능력한 사람처럼 기다리고 앉었으니 이북동포들도 우리의 고충을 이만하다는 것을 양해해서 포용할 줄로 믿는 바이다.

이북동포들이 종종 우리에게 울며 요청하는 것은 레듸오방송으로 어느 날자를 정해서 이북동포들이 일제히 일어나서 공산분자들을 다 타도시키고 남북통일을 완수하도록 지령해 달라고 하나 우리가 우선 이남에서 다 작정하고 올나가서 위경(危境)에 빠진 동포들을 일변으로 보호하고 일변으로 싸홈이라도 같이할 수 있어야만 이와 같이 결심하고 지휘할 수 있을 것인데 아직까지는 우리가 국제상 양해와 신의를 내버리고 단독으로 행동할 경우에 처하지 못하고 있으므로 이러한 혈전을 권고할 수 없는 형편이나 오직 바라는 것은 이북동포 중에서 공산주의 선동에 빠저 나라를 남에게 팔고 민족을 남의 노예로 만들려고 활동하는 분자들은 일조에 회개해서 합심합력으로 강토를 회복하며 민족통일을 일우어서 다같이 자유복락(自由福樂)을 누리고 살자는 결심이 있기를 바라며 기대해 온 것이다.

　우리가 지금까지도 믿고 있는 것은 우리가 4천여년 간 한 덩어리로 살어온 민족으로서 지나간 40년 동안 남의 노예가 되어 십생구사(十生九死)로 죽노니만 못한 천대를 받은 경력을 우리가 뼈에 색여서 아프고 저린 것을 잊지 못할 형편이므로 비록 세계 모든 나라와 모든 민족들이 다 공산운동에 속아서 저이끼리 동족상잔(同族相殘)할지라도 우리 민족만은 결코 이와 같이 될 수 없을 것을 우리가 깊이 믿는 바이며 또 우리 민족은 명철(明哲)한 백성이므로 한두 번 남에게 속아서 어두운 길에 빠질 수는 있을지라도 얼마 후면 다 각오하고 도라서는 민족이니 내가 처음 귀국한 때에는 이남이북이 다 공산국가가 된 것처럼 보이던 것이 얼마 후에는 다 도라서서 목숨을 내놓고 공산분자와 싸우는 중 이북에서 무장폭도들이 삼팔선을 넘어오며 또 남방 각처로는 배를 타고 들어와서 살인방화하며 반란을 일으킨 것이 공산주의가 구라파 여러 나라에 대한 폐해보다도 더 심하게 계속 진행되였으되 그 난당(亂黨)들은 다 전투에서 사살당하거나 그렇지 않으면 사로 잡혀서 옥중 생활을 하고 있으며 또 따라서 과거의 잘못을 자수회개하고 보도연맹(保導聯盟)에 가입해서 전향하고 있는 사람들이 여러 만명에 달하고 있으니 이북에서 어떠한 세력을 가지고 어떠한 조직으로 우리를 다 침해할려고 할지라도 우리 민족이 합심합력해서 공산주의를 배척하고 살자는 것만은 죽기로써 결심할 것임으로 우리의 이 주의를 무시하거나 또는 민주정부를 보호하여 자유로 살자는 사람들을 살해할려고 들어오는 자가 있다만 그들은 동족이라고 할 수도 없고 또 인류라고 인정할 수도 없을 것이므로 이러한 분자들은 일일이 토벌해서 삼천리강토에서 발을 붙이고 살 수 없을만치 만들 것이니 이것은 지나간 3, 4년 경력으로 보아 누구나 다 각오할 수 있는 것이오, 또 따라서 세계 각국에서 우리에게 이러한 결심이 있는 것을 거의 다 알고 있는 것이다.

이북동포들이 공산주의 밑에서 살 수가 없어서 집과 재산을 다 버리고 이남으로 넘어오는 수가 많은 것을 우리가 거절하지 않고 다 받아 드려서 자유를 누리고 보호를 받을만치 행하는 중이나 실상은 이로써 해결책은 못되는 것이다.

이북동포가 다 이남에 와서 살려고 하면 우리가 이를 환영해서 고생이라도 같이할려고 할 것뿐이나 그렇게 된다면 우리 금수강산 반도 이북은 그냥 방임하게 되는 것이므로 이북동포는 이북에 남아 있어서 이북을 지키며 기회를 기다려 이남과 합해서 통일시키기를 노력해야만 될 것이니 아모리 어려운 중에서라도 좀더 참어서 때를 기다리면 그때가 불원(不遠)한 장래에 올 것이다.

우리의 유일한 방식은 한인 공산당원들이 다 회개 귀화해서 우리와 같이 악수하고 조상 적부터 지켜오던 고국산천을 다시금 완전무결한 한 덩어리로 만들어 4천여 년 동안 한 자손으로 나려온 우리 민족이 다같이 한 목적으로 민주정부 밑에서 자유복락(自由福樂)을 누리며 살자는 결심을 가지고 도라서도록 만드는 것이 이북남녀 동포들의 유일한 직책이오 또 유일한 방법일 것이다. 그 사람들이 다 회개하고 도라서서 우리 민주국의 토대를 세우는 데 함께 공헌해서 만세복리(萬歲福利)를 후생에게 끼치고저 사생(死生)을 함께 하고 회개 귀화한다면 김일성(金日成) 이하 모든 반역분자들까지라도 다 탕척해서 상당한 지위와 기회를 주어 그 효과를 오히려 표창시킬 것이다.

이남에서 정부를 붓잡고 서야 노심초사하는 우리의 유일한 목적이 또한 민국정부의 토대를 굳게 세워 이후 우리 자손에게 만세복락(萬歲福樂)을 끼처 주자는 것 뿐이므로 이남 한인들의 자식들이 이북 한인들의 자식들이오. 이북한인들의 조상이 이남한인들의 조상이고 또 같은 민족 같은 나라로 다 같이 자유복리(自由福利)를 누리며 세계 문명 진보에 경쟁 전진하자는 것이 우리의 의도라는 것을 안다면 공산당 극렬분자라 할지라도 회심개과(悔心改過)치 않을 이유가 없을 것이다. 그 사람들도 다 혜두(慧頭)와 총명이 누구만 못지않는 사람들로서 냉정히 앉어서 앞뒤를 예산해 보면 스사로 각오가 있을 것이다. 설령 자기들이 원하는 대로 우리가 다 공산화해서 소련의 위성국가가 된다면 그 사람들에게 개인상으로나 단체상으로나 무슨 복리와 영예가 도라갈 것인가 세계 공산국가들로 보면 공산당 세력만 높여주어 그 압제정책 하에서 가난한 사람들은 전보다 더 살 수 없이 될 뿐만 아니라 자유권이라는 것은 무엇이던지 모르고 남의 노예로만 사는 백성이 되는 고로 소위 위성국가라는 나라에서는 권력으로 백성을 압박해서 지낼 뿐이오 백성들이 달게 여겨서 공산을 주의로 하는 것이 아니니 우리 민국이 남의 위성국가가 된다면 우리가 이남에서 지내는 것 같이 지내리라는 희망은 꿈에도 생각할 수 없는 일이다.

또 이남에 온 이북동포들의 결심으로 보더라도 공산정치 밑에서는 살 수 없다는 것을 각오하고 있으므로 다 같이 죽을지언정 김일성(金日成)이나 박헌영(朴憲永) 등이 지배하는 공산집단 하에서 압제를 받고 살려고 하지 않을 것이니 공산군이 아모리 많고 또 아모리 무장하더라도 그들의 힘으로 우리를 침해해서 노예를 만들 수 없을 것이오. 필경은 외국 군사를 얻어다가 우리를 침해시킬 지경에 가야만 될 터이니 그렇게 된다면 그 사람들에게 무슨 복리가 도라갈 것이며 또 자기들의 후생인들 매국반역자의 자손 노릇을 하면서 한족 간에 석겨서 사는 것이 무슨 영광이 될 것인가. 필경은 남의 나라에 가서 남의 노예백성으로 살다가 죽을 것뿐이니 백가지로 생각해도 유익될 것은 조곰도 없고 저의 나 저의 동족을 다 결단내고 남의 선동에 따라 주구(走狗)노릇하다가 주구의 대우를 면치 못하게 된다면 이에 더 가석(可惜), 가통(可痛)한 인이 없을 것이다.

지금이라도 그들만 개과천선한다면 그들을 주구로 내세워서 남의 나라를 침범하기로 도모하던 이국인들이 다 낙심하고 물러갈 것뿐이니 그제는 우리끼리 도라앉어서 순리로 모든 문제를 일일이 해결해 놓고 앞으로 다시 4, 5천년 역사의 기초를 세우고 앉으면 세계에 우리 민족의 영광이 이에서 더할 여지가 없을 것이요. 이북에서 남의 괴뢰기관이 되었던 동포들의 공효(功效)가 후세에까지 밎일 것이며 또 동양평화에 대해서 많은 공헌이 될 것이니 그들을 아모쪼록 권면(勸勉)해서 같이 살 길을 차저 나가도록 힘쓰는 것이 가장 지혜로운 것이오 또한 유일한 살 길일 것이다.

이 기회가 지금 왔으니 이 기회를 놓치지 말고 다 돌아서서 의로운 길을 차저 의로운 백성의 상급을 받도록 다 일어나서 그들을 도라서게 만들기를 부탁하는 바이다. 그래도 종시 깨닷지 못하고 어리석게 남의 말에 속아서 고집불통으로 나간다면 불원한 장래에 천벌을 받을 날이 있을 것이니 그제는 후회해도 소용이 없고 도라설려고 해도 도라설 수가 없을 것이다. 우리는 오직 민주정부를 보호해서 자유권을 누리고 살려는 결심뿐이니 공산세력이 천하는 다 점령할지라도 우리의 뜻은 꺽지 못할 것이오. 또 세계 모든 민주국들이 이러나서 강권정책을 정돈시킬 때에는 이 광활한 천지에 그들은 갈 곳 없는 사람이 되고 말 것이니 국가와 민족을 위해서나 개인과 저의 사사(私事) 신분을 위해서나 지금 회개하고 귀화하는 것이 가장 지혜롭고 또 지금이 바로 그 때인 것을 각오하도록 노력해야할 것이다.

(『주보』 60)

세력 부식(扶植) 초월하여 민국의
공고한 토대 보장하라

1950. 06. 06

금번 민국 제2회 총선거를 실시함에 있어서 치안과 질서에 교란한 폐가 없이 자유분위기 내에서 민의를 충분히 표시하여 투표율이 92퍼센트에 달하는 호성적을 이루어 내외국인이 이를 다 공인하게 된 것은 민국의 경사로서 우리가 치하하지 않을 수 없는 바이다.

제1회 총선거 때에는 민국정부수립에 대한 확고한 신념이 없어서 반대하는 분들이 여럿이 있었으나, 금반에는 그 분들도 정부를 지지할 결심으로 투표도 하고, 입후보도 하게 되었으므로 의사일치에 많은 도움이 될 것이다. 민간에서 다소 우려하는 색태가 보이나, 이것은 기왕에 중간노선으로 인증되었든 분들 중에서 몇 분 피선되어 국회에서 분란한 사정을 면하기 어려우리라는 의도인 바, 이 분들이 각각 공개로 선언하기를 민국정부를 절대로 지지한다는 주의를 표명했으므로 이의가 조금도 없을 것을 우리가 믿는 바이며, 또 이 모든 지도자들이 다 이와 같이 해서 민국건설에 합심합력하게 되면 이에서 더 환영할 일이 없을 것이다.

우리가 자초로 하는 것은 공산분자라도 돌아서서 우리와 악수하고 민국건설에 같은 보조로 나간다면, 우리는 전사(前事)를 다 이저 버리고 성심으로 합작하기를 이미 선언했고 또 실행해 온 중이니, 이와 같이 되는 것을 우리가 경사로 아는 동시에 이분들이 공개로 선언한 것을 저바리지 않을 것을 믿고, 또 투표자 측으로 보더라도 이들의 선언을 믿지 않았으며 고의로 선거를 했을 리가 없을 것이다. 한 가지 섭섭한 것은 제1회 국회의원 중에서 재선된 의원수효가 불과 31명뿐으로 좋은 애국자와 저당한 의원들이 많이 낙선되게 되어 소망과 같이 일우지 못한 것을 유감으로 여기는 중, 특히 개헌문제에 대해서 성심껏 투쟁하노라고 선거구역에 가서 선거운동을 돌아볼 여가가 없이 희생적 정신으로 국회에 출석하여 선거에 만시지탄(晚時之歎)을 가지게 된 분들이 많이 실패하게 된 것인 바, 그분들의 열렬한 성심을 민간에서 충분히 알게 될 도리가 없는 관계로 이같이 된 것인데, 이는 행정부로는 좌우간 간섭이 없는 실정을 표시할 도리로서 조심한 결과로 된 소치(所致)이다.

제1회 국회에서 예산통과문제로 총선거 일자를 완정(完定)치 못하다가 필경 촉박하게 공결되었으므로 등록부에 유권자 명의가 빠진 것이 얼마 있다하니 선거 일자를 충분한 여유를 두고 미리 공표하지 못한 것은 당국에서 그 책임을 사양치 못할 것이다.

이번 총선거를 앞두고 국회 내에 국민당(國民黨)이라는 명의로 정당이 조직되어 그 영향이 경향(京鄕)에 다소간 미치게 된 것인 바, 이 정당을 대통령이 뒤에서 후원한다는 언사는 부지(不知) 전파되어 사실 오해를 이루게 되었으므로 즉시 관계없다고 실정을 공개 언급코저 하였으나, 그 영향으로 선거에 손해를 받을 분들이 혹시 있지 않을가 고려하는 마음으로 침묵하고 있다가 선거가 지난 후에 언급하기로 작정하였든 것이니 기왕에도 누차 설명한 바와 같이 나로는 아직도 정당에 참가하거나, 새 정당조직에 참가하려는 의도는 없는 것이므로 동포들은 이 고충을 양해할 줄로 믿는 바이다.

끝으로 제2회 새 국회에 있어서는 각 단체나 개인을 막론하고, 각각 자기들의 사사세력을 부식(扶植)하거나 사사이익을 도모하는 등 관념을 초월해서 오직 민국의 토대를 공고히 세워 반란과 파괴분자들의 운동을 절실히 억제하고, 태산 같은 장애를 물리치면 동일한 보조로 강력하게 나가서 국가의 독립과 국민의 자유권을 영구히 보장하며 남북통일을 속히 완수해서 삼천만 동포가 다 같이 자유복지를 누리게 되기를 바라는 바이다.

(『대통령이승만박사담화집』, 공보처, 1953)

양곡시책에 대하여

1950. 06. 09

민간의 모든 문제 중 양곡의 문제가 제일 중요하고 긴요한 것이므로 이에 대해서 가장 노력하며 고려해 온 것이다. 이 문제는 기왕에도 수차 말한 바 있지만 정부나 민간만으로 해결할 수도 없고, 관민이 성심으로 합력해야 해결할 수 있을 것이다. 민국수립 이후 민의합작 결과로 이 문제가 전보다 많이 해결되어 좀더 나아가면 경제상 자연법칙으로 돌아가게 만들 수 있을 것이요, 그중간에 다소의 곤란 되는 것은 극복될 것인 바 가장 어려운 것은 중간에서 이런 문제를 이용해서 민간에 고의로 오해를 조작하는 것이 없어야 이것이 해결될 것이다.

쌀을 장사가 밀수출 못하게 만들고 보면 국민의 식량이 풍족할 것이 의문 없는 터인데, 어찌해서 쌀값이 올라가서 살 수가 없다는 지경까지 이른 것인가, 거기에는 몇 가지 이유가 있을 것이니 쌀을 장치하고 내노치 않거나 소위 중상배들이 많이 미곡을 장치하고 값이 올라가기를 기다리거나 또는 양조하는 사람들이 과도한 이익을 보고저 미곡을 다량으로 사들인 것이다.

이 몇 가지 폐해를 막기 위해서는 민간에서 정부와 합작해서 그러한 사실을 적발해야할 것인데, 그렇지 못함에 정부만으로 어찌할 수 없는 형편이므로 정부에서 미곡을 수집함이 유일한 방책이요, 이 수립방책은 공출이나 강제로 하는 것을 다 폐지하고 정당한 가격을 주어 매수하여 쌀값이 오를 적에는 팔고 내릴 적에는 사드려서 쌀 있는 사람이나 쌀 없는 사람이 균일하게 살 수 있게 하자는 것을 유일한 방책으로 세움에서 이같이 진행하고 나아가는 중임에 방침이 비교적 순리로 진행되어 왔는데, 얼마 전에는 곡가가 점점 올라가는 경향이 농후해지므로 이 폐해를 막기 위해서 시장에 매일 몇 천석식 내놓아 저가로 팔게 한 결과 쌀값이 극도에 달한 것을 면하였으나 기대하였든 바와 같이 충분히 저락(低落)되지 못한 것은 오직 중간 모리배들의 소치인 바, 이 폐해를 타파하고저 필경은 경매로 팔 것을 작정한 것이니 정부에서 많은 쌀을 경매로서 시장에 내놓고 보면 쌀값이 자연 떨어져서 어찌하는 수 없을 것이므로 이러한 경제적 원칙에 의준해 왔든 것이다.

(『대통령이승만박사담화집』, 공보처, 1953)

정부 지지를 요망

1950. 06. 20

민국국회 제2회 총선거에 피선된 여러 의원들에게 먼저 열정으로 치하하고저 합니다. 제2회 총선거가 또 충분한 성적을 일우워 내외 국인의 칭찬을 받을 만치 된 것을 민국 전체에 대하여 열정적으로 치하하지 않을 수 없는 바입니다. 기성 국가로서는 국회 안에서 각 정당 간에나 또는 행정부와 사법부에 대해서나 서로 충돌이 나고서도 전국에 위험성을 끼치게까지 되지 않을 것입니다. 우리 민국은 겨우 2년 돐을 채우지 못하고 있는 어린 애기의 연약한 형태로써 국내에 분립분쟁이 있어가지고는 민국을 파괴하려는 재내재외 원수를 대항하기 어려우므로 진실로 애국애족하는 지도자들의 유일한 구호는 마땅히 상고현인(上古賢人)들의 유전한 바, 외어기모(外禦其侮)라는 잠언(箴言)을 잊지 말고 주의해야만 우리가 실로 민국을 보호하는 책임을 완수할 수 있는 것입니다.

민국정부에서 급급히 진행할 일과 국회에서 먼저 주의해 주실만한 것은 종차(從此)로 기회에 따라 협의적으로 제출하고 토의할 것입니다. 그러나 제일 명맥유관(命脈有關)되는 문제에 대한 대강 방침은 먼저 충실히 양해해서 협의가 되어야 나머지 문제를 다 순서적으로 해결할 수 있을 것이므로 민주와 공산 두 주의로 대립된 세계대세를 다시 살펴서 우리의 방침이 어떠하다는 것을 간단히 설명하려고 합니다.

지금 세계 전체가 이 두 진영의 투쟁에 싸여 들어서 한 나라도 이화(禍)에서 버서나는 나라는 없는 것이니, 공산주의에 빠져서 남의 속국으로 국가의 독립과 인민의 자유를 다 포기하고 노예로 지나게 되든지, 그렇지 않으면 민주주의를 사수하고 공산주의를 조지(阻止)해서 민주제도 하에 국가의 독립과 인민의 자유를 보호하든지 이 두 가지로 결말이 나고 말 것이니, 동서남북을 막론하고 이 전쟁에 끼어들지 않는 나라는 하나도 없을 것입니다. 나는 이 냉정전쟁(冷靜戰爭)의 목적이 지나간 세계양차대전(世界兩次大戰)의 목적과 꼭 같아서 힛틀러와 뭇소리니, 히로히도가 세계를 정복해서 민주주의를 없이하고, 자기를 압박정책 하에 통할하려고 하든 것이 실패된 후에 소련이 그와 동일한 목적을 가지고 전쟁하는 방식만을 고쳐서 단순한 무력으로만 싸우지 않고 사상정복으로 한 세계를 만들어 통할하려는 것이니, 그 위험한 사실은 세계대전보다 더 크고 두려운 것입니다.

이 사상전이 더 위험한 이유는 첫째 세계대전에는 반(反) 민주주의

국가들이 단순히 무력으로 세계를 정복할 계획을 가지고 세계대전을 시작한 고로 민주국가들이 즉시 깨닫고 일어나 민주주의가 완전할 만한 세계를 만들자는 구호로 싸워서 승리한 것인데, 소련무력을 배후에 확장시키며 전면으로는 공산주의를 내세우고 세상을 속여서 인심을 정복하는 고로 민주국가에서는 심상히 방임해서 대부분 적화되는 것을 두려워하지 않는 것이요, 둘째로는 공산정부에서 전무한 압제정책을 쓰면서 표면으로는 민주국가라는 표준을 내세우는 고로 자유를 원하는 민족들이 속아 들어가서 그물에 걸린 고기와 같이 다시는 빠져나올 수 없는 것이요, 셋째로는 세계 지도자들이 평화를 주장한다는 의도로 잠시 평화한 것을 위해서 무마수단으로 번번히 양보하며 끌려 들어가서 협의와 합작을 주장하다가 얼마는 벌써 걸려 들어갔고, 얼마는 아직도 깨닫지 못하고 끌려 들어가고 있는 중입니다.

이것을 소위 냉전이라고 하며, 이 냉전으로 공산화(共産化)를 막을 것을 몽상하고 날마다 끌려 들어가는 까닭에 이와 같이 계속해 나간다면, 필경은 전 세계가 다 위성국가화(衛星國家化)를 면치 못할 것이요, 그 결과로는 세계양차대전에 전체주의국가(全體主義國家)들이 실패한 것을 소련이 성공하게 될 것이나 모든 민주국가들이 날마다 깨여가는 고로 몇 해 전과는 대상부동(大相不同)입니다. 우리가 보통 믿는 바나, 세계가 다 자유권리를 목숨보다 중하게 여기는 고로 설령 소련이 세계를 다 정복한 뒤에라도 온 세계가 다 일어나서 자유를 회복하리라는 것을 믿는 것이며 또 세계가 다 공산주의에 정복을 받고, 소련이 성공할 때까지 이르지 않을 것을 우리가 다 믿고 있음으로 냉전으로 민주주의를 보전하지 못하면, 열전(熱戰)으로라도 싸워서 승리할 것이니, 결국은 반(反) 민주주의자들이 또 실패될 것을 우리가 믿고 있는 바이다.

그러나 공산주의의 위험이 이러한 것을 각오한다면, 어찌해서 처음 시작할 적엔 제어하지 못하고, 도리어 호랑이를 길러서 세계가 다 공산화를 당한 뒤에 비로서 많은 피와 많은 희생을 가지고 회복한다는 것이 의문입니다. 그러나 근래에 와서는 모든 나라에서 이 위험을 절실히 깨닫고 상당히 준비가 충분히 되는 것에서 우리는 많은 용기를 얻게 되는 것입니다. (하략)

(『대통령이승만박사담화집』, 공보처, 1953)

한국전란과 민주진영의 승리

1950. 07. 04

　　단기 4283년 7월 4일 부산에서 공산군이 서울에 침입하게 된 것은 생각할사록 통분해서 차라리 죽어서 모르고 십흔 일입니다. 다만 잠시라도 이 란역배들이 우리 수도에 드러오기에 이른 것은 우리의 씨슬 수 업는 수욕임니다. 내 한몸이 국군의 압헤 서서 죽기로새 싸워야 올흘 것인데, 피해서 나온 것은 구차에 목숨을 위해서 한 것이 결코 아니오 첫재는 내가 성중에 잇스면 군경이 전투상 도로혀 곤란을 당하겟다는 것이 한가지 리유요, 또는 내가 나와 안저 세계에 호소해서 공론이 이러나야 할 것을 생각한 것이 둘재 리유인 것임니다. 우리 국군이 각처 해면과 육지에서 열렬히 싸워서 적은 수효로 만흔 무리를 대적하며 부족한 무장으로 우수한 병기를 항거해서 조곰도 퇴축이 업섯스나 오직 의정부 방면에서 탱크와 장총을 막을 것이 업서서 우리 국군이 엇지할 수 업시 퇴보한 것인 바 공겁해서 혼란상태를 이룬 것은 조곰도 업고 정제히 물러난 것입니다. 적군이 입성한 후에도 군경과 청년단이 시내 각처에서 결사투쟁한 것을 누구나 감복치 안을 수 업스며 지금도 계속계속 사수하야 쉬지 안코 싸우는 고로 련합군이 더욱 감격해서 하로밧비 서울을 회복할 작정으로 군기군물과 륙해공군이 시시로 모여들어 수원으로 향하야 우리가는 중이니 우리 반도강산에 공산반역배들의 운명이 얼마남지 안엇스며 소련의 강폭무도한 세력이 불원간 뭇소리니 힛틀러갓치 될 것임니다. 우리가 한강철교를 끈흔 것을 적군이 남방으로 넘어오기에 장애를 만들자는 계획인데 군기와 군물을 상당히 준비한 후에는 다시 곳처서 쓸수 잇도록 만들 것인 바 적군들이 항공에 불리한 천기를 리용하야 대포와 장총으로서 국군이 한강남편에 갓가히 가지 못하게 만들어노코 뗏목과 선박으로 탱크를 실어서 한강 상류로부터 물결을 따라 내려와서 건너온 것인데 국군이 격렬히 싸워서 영등포와 김포와, 시흥 수원등 각지를 오늘까지 완전히 직히고 잇스며 동시에 미공군이 경성이북에 잇는 각 비행장과 기타 군용기지를 련속폭격하야 소련비행기를 파쇄시킨 것이 작일까지 도합 백여대에 달하엿다고 함니다. 우리 정부는 림시 소재지에 잇서서 시행할 수 잇는 정무를 다 진행하고 잇스며 각 사회와 애국단체지도자들은 각처에서 전재민을 구제하고 민심을 정돈시키는 등 모든 사업에 주야로 근로하고 잇스며 일반민중은 전란지역과 전재민피란자 외에는 조곰도 요동이 업시 각각 직업을 여상(如常)히 지켜나가는고로 내외국인의 이목에 가장 담대하고 평온한 상태를 보이게된 것이 매우 다행한 일임니다. 우리 싸홈이 지금부터는 민족상쟁의 내란정도를 지나 세계전쟁으로 되여서 오늘까지 삼십육(三十六)개국이 가담하고 련합군 총사령관인 맥아더 대장이 지휘하고 잇스며 그 부하로는 전에 군정장관으로 잇던 우리의 친우인 밴 플리트 장군이 와서 처치 소장과 합동하야 작전계획을 준비하는 중이니 준비가 된 후에는 서울로 올라갈 것임니다. 련합군이 지나는 곳에서나 주둔하고 잇는 데서는 동포들이 극히 환영하는 뜻을 표시해서 국기를 날리며 만세를 불러 친선하는 정의를 보이는것이 조흘 것임니다. 서서국(瑞西國) 제네바에 잇는 만국적십자총본부의 대표로 동경에 잇는 베리 박사가 오늘 여기 와서 우리와 협의하고 즉시 일본으로 회환햇는데 이번 전쟁에 부상한 자들과 전재민들을 위하야 각종약품과 의사와 간호부와 기외에 식량과 의복등 물품이 련속 들어올것이니 악독한 반역분자들의 손에 피해를 당한 남녀들은 속절업시 악화(惡禍)를 당햇지만 난리중에 부상해서 병원에서 신음하거나 가옥과 식량과 의복을 다 빼앗기고 죽게 된 동포들은 우리를 동정하는 세계 모든 나라들의 자선심으로 우리에게 보내주는 구제로서 만흔 도움을 밧을 것입니다. 사십 년 동안 우리가 남에게 원조를 주지도 못하고 남의 원조를 받지도 못하고 지내다가 지금에 이르러 처음으로 대소적자선물자를 밧게 되는 것은 크게 위로도 되며 깁히 감사하는 바입니다. 소련은 오래 전부터 이 전쟁을 준비햇고 미국은 평화를 주장하는 중 졸지에 이 전쟁을 지작하게되니 처음에는 엇지 할수 업섯스나 지금은 전적으로 민심이 일어나서 싸워야할 것을 결정하엿스나 군기와 군물과 군인을 수송하기에 시간이 걸리고 또 준비하기에도 다소 시간이 필요함으로 처음에는 곤란이 업지 안이하나 미국은 한번 싸우기로 작정하면 끗을 내고 말것임니다. 우리의 문제는 이런 중에서 다 해결되고말 것이니 이것이 남북통일이 완수될 시작임니다. 우리가 다 아는 바와 갓치 민주주의와 공산주의가 전쟁으로만 결말을 짓고 말 것이니 지금 그 전쟁이 시작되야 민주진영에 성공이 잇슬 것이 다 판단되였스며 오직 무죄한 동포들이 난역배의 손에 피해를 당하고 또 무수한 곤란을 당하고 잇지만 우리가 서로 인내하며 서로 구제하며 한마음 한뜻으로 분투하여 나가야할 것이니 애국동포들은 이를 절실히 량해하고 굿센 마음으로 끝까지 붓잡고 나가기를 부탁하는 바입니다.

전국토 통일에 매진,
UN한국위(韓國委) 단원에 치사(致辭)

1950. 07. 11

UN대표단이 여기에 와서 우리 사람들에게 목적과 결정한 것을 이루어 줄려는 것이니까 우리 민국은 UN을 지지해서 모든 나라와 더불어 싸우고 합작해서 꿋꿋이 싸워나간다면 오래지 않는 장래에 정부가 서울로 들어가고 우리나라 전역이 통일 완수되기를 기대하는 까닭으로 여러 나라 사람들은 우리나라를 도우는 것을 마치 자기 나라 일처럼 열심히 꿋꿋이 싸워주니 감동되는 바입니다. 연합군과 한국군이 함께 합작해서 싸워나가는 데에 칭찬을 받을 만한 일을 해서 누가 더 잘하고, 누가 덜 잘하는 것이 없이 다같이 칭찬을 받을 만치 특별히 UN군사들이 노력해서 싸운 것과 채병덕(蔡秉德) 소장이 일선에서 전사하여 원수를 타도하겠다고 나라에 몸을 바쳐 우리에게 영광스런 표적을 보여서 우리가 다 감동되는 것이며, 더욱 결심이 굳어집니다. 여러분은 다 힘을 합해서 우리가 다 노력한 결과로 속히 결정되어서 우리나라가 통일되기를 바랍니다.

(『대통령이승만박사담화집』, 공보처, 1953)

군사상 비밀을 엄수하자

1950. 07. 16

　지금 작전지구에는 계엄령(戒嚴令)이 발포되었으니, 군관경민(軍官警民)할 것 없이 모두 말을 삼가서 무근(無根)한 풍설로 인심을 요동케 하거나 국방치안에 손해를 주지 말도록 할 일입니다. 군사상 통신으로 당국이 공포되는 것 이외는 사실을 알고도 말을 못하는 법입니다. 적의 정탐이 틈틈이 들어와 있으니, 군사상 비밀을 한 사람이라도 더 알리는 것은 수백, 수천의 생명을 위태케 하며, 또 어떤 경우에는 전(全) 전쟁의 승패가 달려있는 것입니다. 계엄령이 발포된 지방에 있는 일반 관민은 말뿐만 아니라 모든 행동을 극히 조심해야 하며, 물자나 재정을 공사(公私)를 막론하고 도적하거나 빼내거나 은닉하거나 남용하거나 사기하는 등 죄를 지지 말지니, 국법상 조고만 죄로 말미아마 생명으로 갑게 되는 경우도 있는 것이니, 주의할 일입니다.

『대통령이승만박사담화집』, 공보처, 1953)

식량은 아모 걱정 없다

1950. 07. 16

식량은 우려할 것 없읍니다. 연사(年事)는 풍년이 들어서 금년의 벼 농사는 모를 내었으매, 풍년이 기대되고 금년 하곡은 5,60년 이래의 처음되는 대풍이니 그전에 남이 빼았어서 먹든 것을 우리가 먹고 남은 것을 돈 받고 팔기 전에는 누구나 가져갈 사람도 없고, 가져갈 나라도 없는 것이다. 우리 해군은 속행하는 군함이 여럿이 있어서 잠상의 수출을 막아서 빠져가지 못하게 되었으니 모든 동포가 다 같이 먹고 살도록 폭리를 하거나 술과 엿을 만들어서 낭비치 않으면 한 사람도 굶는 사람이 없을 것입니다.

(『대통령이승만박사담화집』, 공보처, 1953)

합심합력해서 한길로

1950. 07. 16

국사가 어려울수록 정부와 당국의 실수나 흠집을 가리어 인심을 어렵게 하는 것은 애국자의 할 일이 아닙니다. 어느 나라던지 이런 경우엔 유지키 어려운 연고입니다. 국사가 어려울수록 정부를 공격하고 시비하는 사람은 국가안위를 불구(不拘)하고 지혜와 지능을 표시하여 권세와 명예와 사혐(私嫌) 보복의 수단에 불과할 것입니다.

이번 난리에 피난해서 서울을 떠나고 국군이 후퇴하여 공산군이 입성한 후, 여기저기서 시비가 생겨서 당국의 실수로 이와 같이 되었다고 열렬히 주장하며 아모가 무엇이 되고 누가 어떤 자리를 찾아서 일했드라면 이렇게 되지 않았을 것이라고 인심을 선동하는 모양이나, 이런 사람들에게 묻고자 하노니 제갈공명(諸葛孔明)이 국무총리가 되고 관우(關羽)와 장비(張飛)가 총사령 장관이 되었다면, 어떻게 공산군의 장총과 대포와 전차를 막아내었겠느냐는 것입니다.

또 정부에서는 어째서 이것을 미리 막아낼 대책을 세우지 못하였느냐 하지만, 군기와 군물이 오늘 온다, 내일 온다 하는 중에 이렇게 된 것으로 우리가 몰라서 이렇게 된 것도 아니요, 알고도 등한해서 이렇게 된 것도 아닌 것은 내외국인이 다 아는 사실입니다. 공연히 불평을 품고 인심을 현혹케 하여 위난에 든 국사를 모든 폐단이 없이 하고, 모두 합심합력해서 한길로 나가는 것을 보이어야만 우방도 도웁고자 하는 성심이 일어날 것입니다.

(『대통령이승만박사담화집』, 공보처, 1953)

적십자사 회원국이 아니라도
인도적 원칙을 존중하자

1950. 07. 17

만국 적십자사(赤十字社)에서 우리 군경과 전재민과 기타 빈민 구제책으로 각종 약품과 식량과 의복 급(及) 생활필수품을 보내여 연속 들어올 터이고, 또 호주(濠洲) 정부에서는 벌써 1만불을 기증해서 우리에게 필요한 물건을 사들여오게 되는 터이므로 앞으로 막대한 도움이 될 것이다. 만국 적십자사이니만치 이 회에 참가되는 나라마다 적십자사 헌장에 있는 인도와 정의에 관계되는 원칙 몇 가지는 다 준행한다는 서약 하에 서명된 것이므로 우리 정부에서도 이번 가입하기로 서명해서 우리나라가 59번째 되는 바 우리가 준행해가기로 약정한 것은 물론이려니와 이러한 서약을 개명한 나라들은 다 실시해가는 법이니만치 우리가 만국 적십자사 회원국이 된 뒤로는 더욱 도의적 입장을 격별히 지킬 책임이 있게 되므로 이 대지 몇 가지를 다시 공포하는 바이니, 각 애국단체와 언론기관에서 이에 주의해서 한 사람이라도 모르는 사람이 없도록 노력하여야 할 것이다.

『대통령이승만박사담화집』, 공보처, 1953)

계엄법 실시에 대하여

1950. 07. 18

전시에 계엄령을 발포하는 것은 군인과 평민을 동일하게 단속해서 군사행동에 지장이 없게 하자는 것이니, 혹시 이 의미를 자세히 알지 못하고 군인의 세력을 늘려서 평민을 속박하자는 줄로 아는 폐가 있으니, 이러한 오해로 인해서 민간에만 폐단이 있을 뿐만 아니라 군사행동에 까지라도 손실이 적지 않을 것이 우려되는 바이다. 이러한 사실을 모르고 계엄령이 민간에 폐단된다는 것만 생각한다는 것은 옳지 않은 것이니, 일반 민중과 군경은 이를 자세히 알고, 계엄령의 본의를 지켜주어야 될 것이다. 이러한 의미에서 계엄령을 바로 실시해서 국민의 생명과 자유를 보호하자는 정신을 확실히 알게 함에는 그 책임이 전혀 관계 장병들에게 달렸으니 그 장병들이 그 직책을 다하므로써 군인이나 경찰이나 또는 정부 소속 공무원들이 권한을 빙자하거나 명위(名威)를 의지(依持)하고, 범법작폐(犯法作弊) 등 행동이 있을 때에는 즉시 잡아서 군법으로 다스려 당석에 징벌시키므로 군명과 군법이 서서 양민들을 보호하여야만 치안과 국방상 많은 효과를 나타낼 것이다.

평시에는 영세한 절도사범이나 강도같은 것이 국가에 중대한 위험성을 끼칠 것이 아니므로 벌칙이 비교적 경(輕)하고, 또 판결이 다소 지체가 되어도 많은 폐단이 되지 않을 것이다. 전시에는 이런 죄범으로 인연해서 막대한 위험성을 가지게 되는 고로 평시의 사소한 죄목도 전시에 들어서는 생명을 잃을 수가 종종 있는 것이니, 군경이나 정부 관리들이나 평민들은 모두 조심해서 후회 없도록 해야 할 것이다.

특별히 헌병들에게 극히 주의하도록 명령하는 바는 어디서든지 범법행동이 있는 것을 몰라 잡지 못하든지, 또 알고서도 잡지 않았다든지 하는 정적이 발로될 때에는 그 지역에서 그 시간에 집무한 사람이 그 책임은 담당할 것이며, 그것도 못하게 될 때에는 그 상관이 그 책임을 지게 될 것이므로 절대 조심해서 계엄령의 근본정신대로 준행해야만 될 것이다.

또 계엄법에 규정된 계엄지역 내의 행정사무는 소관된 각 부처장관이 이를 주관하되 계엄사령관의 지휘감독을 받아서 군사행동에 조금이라도 지체 없이 민속(敏速)하게 행하여야 하며, 군수품의 징발, 징용에 관해서는 아직 징발법이 제정되지 않았으므로 계엄사령관이나, 또는 계엄사령관이 임명한 징발 또는 징용관이 징발, 징용장(狀)을 발행하여 피(被)징발, 징용자에게 이를 교부(交付)하고 징발 징용하되 징용된 물품에 대한 보상 내용까지라도 명시하여 합법적 조치를 취하여야 할 것이며, 그렇지 않고 징발이나 징용이라는 명의만 빌려서 무단히 빼아서 가는 등 폐단은 일절 없어야 할 것이니, 만일에 위반된 행위가 있을 때에는 엄벌에 처할 것이다.

『대통령이승만박사담화집』, 공보처, 1953)

최후 승리에 우부전진(又復前進),
총궐기대회에 멧세지

1950. 07. 22

지금 온 세계가 다 궐기되고 있느니만치 우리 전 민족이 총궐기하는 것이 가장 적합한 일이요, 또 우리 민국정부가 임시로 이곳에 소재하고 있느니만치 이 궐기대회가 여기서부터 시작되는 것이 가장 적당하고 의의 깊은 일일 것입니다.

이번 이 총궐기로 인연해서 전국적으로 전 민족이 총궐기하여 세계대세와 합류하므로서 우리 문제를 하로바삐 정돈시키는 것이 우리 민족의 사명이요, 우리 국민의 직책일 것입니다. 원래 우리 통일문제는 언제던지 이와 같이 되고야 해결될 것이 미리부터 제정된 것인 바, 우리가 이런 참화(慘禍)를 면하기 위해서 군기와 군물을 얻기에 백방으로 노력해 보았으나 여의치 못하고 급기야 이와 같은 참화를 당한 뒤에야 비로서 전 세계가 총동원해서 50여 개국의 합력으로 우리의 싸움을 싸우고 있으니, 우리의 통일문제는 이미 다 판단되고 작정된 것입니다. 일만 이천리 밖에서 군인과 군기를 실어오게 되므로 다소간 지체되지 않을 수 없는 것이며, 미국사람들이 평화만 주장하고 전쟁을 준비하지 않고서 이와 같이 먼 길에 많은 물자와 군인을 실어오기에 이처럼 속(速)하게 된 것은 아마 미국 역사상에도 처음되는 일일 것입니다. 그러므로 우리는 아모리 아프고 쓰릴지라도 며칠 더 참아서 해결을 기다릴 수밖에 없는 것입니다.

우리 국군이 전선에서 맹렬히 싸워서 적은 수효로 많은 적을 대적하여 열렬히 밀고 나가며, 한편으로 연합군이 굳게 지키고 있어서 얼마 안 되는 동안에 준비를 다 마추게 되면, 적군들은 다 진퇴유곡(進退維谷)에 빠져서 항복하고 돌아오는 자는 길이 있을 것이요, 그렇지 않는 자는 허터져서 강도 아니면 비적이 되어 강탈을 일삼다가 나종에는 모조리 없어지고 말 것뿐이니, 이것이 불구에 다 판결된 것입니다.

그러므로 풍설과 낭설에 공연히 동요되어 이리 밀리고 저리 끌리는 것은 다 정지하고 굳건히 서서 국민총권기태세로 힘자라는 데까지 국방과 치안을 도우며, 반역도배(叛逆徒輩)들이 민간과 단체사이에 끼어서 지하공작을 도모하는 폐단을 일일히 적발해서 불법한 행동을 감행하지 못하도록 만들어야 할 것입니다. 정부 각원들은 다 여기 모여서 매일 집무하고 있는 중이며, 재정과 식량과 전재민구호책(戰災民救護策)에 날로 협동매진하고 있으니, 민간에서도 방관하는 태도를 일절 버리고 힘있는 대로 다 일어나서 여러 방면으로 서로 도웁고 힘을 합해서 하로바삐 민족의 염원인 남북통일을 원수하고, 연합군이 물러가도록 우리가 유감없이 한길로 나가서 조속한 성공이 있을만치 전 민족이 공헌하기를 바라는 바입니다.

UN과 미국 대통령에게 감사한 것은 전 민족이 영원히 잊을 수 없는 일입니다. 벌써 연합군이 피를 흘리고 부상당한 것이 많은 수에 달한 것입니다. 종용(從容)한 곳에 강도가 들면, 화를 당하는 것입니다. 그러나 전 세계가 우리와 함께 목숨을 아끼지 않고 싸우므로 우리 문제는 곧 해결될 것이며, 지금부터는 우리가 올라가는 중입니다. 그러므로 청년단체와 부인단체와 국민단체가 단결을 공고히 하여 반도(叛徒)들의 지하조직을 적발하는 것이 여러분들의 직책이요, 정부로서는 그 분자들의 살인, 방화, 약탈을 철저히 방지하는 중입니다. 오늘 여러분들과 함께 다시금 감사하는 것은 UN과 또 자기나라 일처럼 헌신하는 '무치오' 대사와 '맥' 장군을 대신한 '워커' 중장이 전적 분투하는 것입니다. 이것은 우리 역사에 없는 일이니, 우리가 모든 일을 잘 진행해서 이 기회에 우리가 세계 문명인의 자랑을 가지도록 절대 진력하여야 할 것입니다.

(『대통령이승만박사담화집』, 공보처, 1953)

원조물자의 부정처분은 극형에 처한다

1950. 07. 23

부패한 사람으로 신선한 나라를 만들지 못하는 것은 중복하여 설맹한 바이다.

군정삼년(三年)에 정부의 부패가 더 말할수 업시된 것을 교정하기 위해서 백방으로 노력해 보앗스나 충분히 청결되지 못한 것을 누구나 다 유감으로 아는 바이다.

이번 전쟁을 위시해서 전 국민이 새 정신으로 경성하야 정부와 민간에 부패한 습관을 청쇄하고 일신해서 다시는 뇌물이나 협잡이나 사기 범포등 모든 악습을 일일(一一)히 전시군법에 부처서 평시에 심상한 죄로 보던 것도 이대에는 더욱 중죄로 다스려서 여간한 죄범이라 하더라도 극형에 처할 것이니 정부관공외 이하 모든 사람들은 지위의 고저와 죄의 경중을 막론하고 용서업시 법으로 시행할 것이니 극히 조심해서 후회가 업기를 부탁하는 바이다. 국회의원은 특전으로 여간 중대한 일이 잇서서도 정부에서 방임한 적이 잇섯스나 지금부터는 이러케 안이될 것이니 조심하기 바라는 바이다.

군수물자와 경제원조물자와 적십자사와 기타 구휼물품으로 들어오는 중 하나라도 암시에 나가서 팔리게 되는 것을 그것이 어데서 나온 것을 암상인이 알어서 보고하면 벌을 당하지 안을 것이로되 그냥 사서 팔다가 잡히면 그 사온 소중대를 알려서 증거가 분명치 못하면 도적질한 것으로 인정되야 중벌을 당할 것이다.

설령 그 문건을 도적햇던지 사소로까지 와도 극한 죄를 처단될 것이다. 의국에서 구제로 들어온 약품이나 식품 의복등 필수품 구제 바들 사람에게 주어서 쓰지 안코 필요치 안혼 사람이 바더서 쓰거나 남을 주거나 한 것이 드러나면 이것을 중죄로 처벌할 것이다.

특별히 군인이나 경관중에서 이런 죄를 범한 자가 잇스면 더욱 중하게 다스릴 것이니 군경이 설한 이런 방면에 더욱 주의해서 죄업은 하나와도 버서날 수 업게 만들어야할 것이오 무슨 물자던지 도적질해 가거나 물범으로 어러서 사회를 도모하는 것을 적발보고해서 증명한 자가 잇스면 그 물자의 반이나 그 가격의 반을 상금으로 줄것이다.

비록 난리중이로되 감찰위원과 심게원에서 극히 주의해서 소호와도 불미한 일이 업도록 직책을 다해야할 것이다.

(『대통령이승만박사담화집』, 공보처, 1953)

불원(不遠) 대대적 토벌전을 개시,
조국 방위에 총궐기하자

1950. 07. 30

연합군의 후원병과 군기물자의 대다수가 지금 오는 중이요, 며칠 안으로 다 도착된다고 하며, 도착 후에는 곧 대대적으로 토벌을 시작할 터이나, 그동안에 가져온 군물로 우리 군경이 각 방면에서 승전하고 있는 중이나, 적군들은 한편으로 뚫고 들어오며, 또 한편으로는 몇십 명, 몇백 명 식 난리의 틈을 타서 우리 촌락과 동리에 몰래 들어와서 군기를 가지고 우리 청년, 소년들을 잡아내어 군기를 주어 앞세우고 지이들은 뒤에서 총검으로 경계하며 협박하는 고로 우리 국군이나 연합군은 적군의 앞에선 우리 청소년들에게 참아 총을 놓을 수 없어 주저하나, 적들은 이렇게 해가지고 어느 때에 침범할는지 모르므로 일반 관민은 이것을 충분히 각오하고 어떠한 준비가 있지 아니하면 가만이 앉았다가 남모르게 살육을 당할 우려가 없지 아니하니, 이 실정을 감추고 있다가 한번 싸우지도 못하고 죽게 된다면 그 책임을 면할 수 없을 것임에, 일반 남녀 애국동포들은 이 위기를 깊이 깨닫고 공연히 선동되거나 혼잡하지 말고, 각각 정신을 차려서 최후의 승리가 올 때까지 대구(大邱)뿐만 아니라 모든 도시에서 자호책(自護策)을 급급히 준비해야만 될 것이다.

군경은 다 전쟁에 앞서서 열렬히 싸워나가는 중이니, 무기만 넉넉하면 싸울 사람도 한이 없고, 승전할 것도 결정적 사실이요, 군기가 며칠 안 돼 많이 도착되는 대로 넉넉히 소용할 수 있으니, 그 전에라도 적군들이 몇 명식 들어오는 것을 절대 막아야만 될 것이며, 더욱 대구는 중요한 방위지인만치 이 방위지를 막고 있어야 각지도 안전하게 될 것이다.

그렇지 못하면 우리가 다 적군에게 잡혀서 죽을 것뿐이니, 군기가 있으나 없으나 최후의 결전을 각오하고 모든 시민과 동포들은 다 죽창도 만들고 폭약이라도 가지고 벌떼같이 일어나서 싸우고 보면, 연합군은 우리를 위해서 더욱 싸울 것이니, 이렇게 해서 몇칠 동안만 계속해 나간다면 우리의 각 중요 도성도 보전하고, 연합군과 군수물도 충분히 도달되어 그때에는 총진격하여 올라갈 것이다.

그러므로 우리 모든 동포들은 다 일어나서 각각 무엇이던지 만들어 가지고 적군이 많으나 적으나 다 부실 것을 각오하고, 또 각 청년들은 의용대(義勇隊) 등 명의로 조직적 행동을 취해서 명령지휘에 위반하는 자가 하나도 없이 하는 동시에 국군과 경찰의 대방침에 절대 협조해서 끝까지 싸워야 할 것이요, 민간에 폐단을 만들거나 법을 범하는 사람이 없이 정정당당하게 질서를 지켜나가며, 군기는 무엇이든지 작만할 수 있는대로 작만해 가지고 나서서 지휘를 받아야 할 것이니, 이 지휘자로는 조(趙) 내무부장관(內務部長官)과 조(曹) 경북지사를 명해서 조직절차를 신속히 밟아서 이미 철통같은 자위태세를 취하고 있으니, 이 격문을 본 동포는 조곰도 퇴축하지 말고 즉시로 총궐기해서 적군을 하나라도 없이 해서 각기 도성을 사수하는 동시에 조국방위와 국권옹호에 결사투쟁하므로써 최후의 승리를 가져야 할 것이다.

(『대통령이승만박사담화집』, 공보처, 1953)

한국유엔위원단 공개회의에서 치사

1950. 07. 31

나는 현재 무서운 전쟁중에 잇슴에도 불구하고 주한미국 사신 여러분과 한국에 주재하는 칠개국 유엔위원단과 자유를 사랑하는 국제련합대표 여러분들이 한국에서 공산도배의 침략을 저지시켜서 침략자들이 이 무기를 버리고 패망케하기 위하야 국제련합의 공고한 결의를 표명하고저 한국림시수도인 대구에 오게된 것을 감사히 생각하는 바임니다.

현재는 우리가 일시적 압박을 당하고 잇는 국토 내에 잇거나 또는 야수적 침략으로 말미아마 현재 점령당하고 잇는 지역에 잇거나 또는 외국의 사〇을 바더 적군의 잔인한 공격을 밧고 잇는 북한 주민을 포함한 모든 한국 국민을 대표하야 나는 우리가 직면하고 잇는 이 위기에 처해서 우리를 원조하고 잇는 오십이개국에 대하야 간곡한 사의를 표하는 바임니다. 나는 여러분들이 우리 국민에게 대하야 현재 당면하고 잇는 고난과 〇〇와 또 적의 만흔 무기와 병사를 상대로 해서 후퇴를 거듭하고 잇는 피해와 실망에도 불구하고 한국 국민의 정신과 강기가 의연히 유지되고 잇스며 국제련합의 군사상 원조와 정신적 지지로 말미아마 최후의 승리에 대한 결심을 주게 되엇다는 것을 확신하는 바임니다.

나는 막대한 적군들의 침입이 우리에게 중대한 결과를 이르키고 또 우리 국민중에 심약한 사람들을 교란시키게한 점을 솔직히 인정하는 바임니다. 그러나 한국 국민들은 담대하고 용감함으로서 우리가 최후의 승리를 어더 정부가 서울로 도라가리라는 것과 이번 당한 무서운 살륙과 고난으로 말미아마 조흔 결과를 가저오는 동시에 자유한국의 통일을 의심한 사람이 하나도 업스리라고 밋는 바임니다.

자유는 전취되어야할 것이며 이 자유를 위하여는 애국지사의 피가 흘러야만 될 것임니다. 어느 나라 국민을 물론하고 자유가 무엇인가를 알기까지에는 만혼 고란이 잇는 것임니다.

력사상 모든 시대에 잇서서 가장 강하고 자유로운 모든 민주주의 국가는 자유롭고 민주주의화한 사회를 보전하려고 류혈과 고난의 시기를 격는 것임니다. 련합국의 대일전쟁에서 승리함으로 말미아마 오늘 우리에게 제대된 독립이 진실로 영원한 독립이 되기 위하여는 맛당히 우리의 고난과 희생이 잇서야되고 한국 국민의 피를 흘려야 될 것임니다. 적은 장구한 시일에 걸처서 물샐 틈 업는 비밀리에 대한민국에 대한 정복과 파괴를 급속히 준비하엿던 것임니다. 그전에도 북한에서는 모든 수단을 가리지 안코 데모행동과 게리와공격과 내부를 붕괴

하려는 공략으로서 대한민국을 정복하고 전복하려 하엿스나 그때마다 실패에 도라가고 만 것입니다. 한국정부로서는 이러한 경시 못할 적의 계획을 항상 제압하고 파괴시켜 우리 반도강산을 소련제국주의 장중에 쉽사리 들어가지 안케 하엿던 것입니다. 또 이와 동시에 대한민국은 점차로 번영하여 국가에 대한 국민의 충성으로 말미아마 확고한 지반우에 서게 된 것입니다. 적은 이에 실패한 결과 우리 한국에 대한 로골적이오 공개적인 침략을 감행하게 된 것입니다. 적의 금번 공격은 주도한 계획하래 행한 것임, 아직까지 우리 반도에서 보지 못한 강력한 외국병기로서 장비한 까닭에 그 공격의 충돌이 이갓치 커서 국제련합의 신속한 반격이 업섯다면 적은 그 목적을 이루어 필경 부산에까지 이르러서 린국 일본에 대한 다음 공격의 준비를 햇슬 것입니다. 적은 장구한 시일과 비밀리에 행한 준비와 계획과 또 강력한 무기와 막대한 군대를 가지고 잇슴에도 불구하고 우리의 과소하고 용감한 군대에게 저지당한 것입니다. 한편으로 우리 군대는 오육천리 박에서 보급을 하지 안으면 안될 형편에 잇는 것입니다. 현재 우리는 시간을 획득하는 중에 잇는 것입니다. 우리가 잠시 동안이나마 적에게 국토를 빼앗긴 것은 비참한 일이지만 우리는 침략된 국토를 복구할 능력을 가지고 잇스며 또 필요하다면 그 이상으로 도달할 수 잇스나 적군은 일단 항복하면 다시는 일어설 자리가 업슬 것입니다. 다시 말하면 우리는 실지를 회복할수 잇스며 적군들은 피비린내 나는 정복으로서 엇은 지역을 하로 동안이라도 다시는 점령할 수 업는 것입니다. 지금 국군과 유엔군은 억개를 겨누고 전우로서 전투하고 잇는 중이며 그들의 협조와 외해로서 전후에 엇는 모든 인사에게 령감을 주고 잇는 것입니다. 국군과 련합군에게는 가장 우리가 큰 찬사를 밧칠 수 잇스며 나로는 어느 편이 더 장하다고 할 수는 업는 것입니다.

그러나 나는 련합군 제이십사보병단에 대하야 특별한 찬사를 드리는 바이니 그들은 수원에서 대전까지 적은 군대를 가지고 그토록 오랫동안 싸운 것입니다. 그들은 위대하고 용감하고 탁월한 지도자인 윌리암 띈소장의 지휘 하에서 싸운 것입니다. 띈소장은 그 용기와 전략과 한국에 대한 사랑하는 마음으로서 비록 우리가 역경에 잇거나 승리르 하엿거나 한결갓치 존경하여야 될 구감을 남긴 것입니다. 우리 국군에 잇서서는 군대나 경관이나 그외에 누구를 물론하고 채장군은 군단장의 노픈○○에 잇슴에도 불구하고 항상 자진하여 일선에 나가서 적군과 대치하엿던 것입니다. 그는 병졸과 갓치 적군의 면전에서 싸우다가 용감하게 전사한 것입니다. 그는 조국과 국민의 자유를 위하야 목숨을 밧친 가장 용기잇고 성의잇는분입니다. 모든 무운에 이어서 국군과 련합군이 행한 전투와 보급에 밀접한 협력은 놀라운 것이엇슴니다. 이점은 아마 전례가 없슬 것입니다. 미국과 호주가 영국의 공군, 미국과 영국, 카나다, 화란의 해군과 군함, 그리고 미국과 국군의 병사 이상 모든 부면의 병력이 일단이리에서 우리의 공동적군에 대하야 전투를 하고 잇는 것입니다. 한국에 잇서서는 침략자가 분쇄되기까지 동일한 명령과 동일한 의지와 동일한 결심이 잇는 것입니다.

우리는 미국에 영국과 호주와 기타 병력이 한국에 상륙하야 우리가 독립을 위하야 방금 싸우고 잇는 대전투에 참가할 것을 절실히 기대하고 잇는 것입니다. 이 전쟁은 다른 면으로는 이 지구상 모든 국민의 자유와 독립을 위하야 싸우는 전쟁입니다.

이번 전쟁에 잇서서 련합국 중 출전한 나라의 일을 여기서 일일(一一)히 열거할 시간은 업스며 또 이 사태에 대하야 인원과 물자와 약품과 재정을 공급한 국맹을 일일(一一)히 말할 시간도 없습니다. 그러나 이러한 각국 정부와 국민에 대하야 한국정부가 국민을 대표하야 나는 심심한 감샤와 갱의를 표하는 바임니다.

우리의 장래에는 광명이 빗치며 련합군의 협력과 결심으로 말미아마 평화와 통일과 자유가 우리에게 오리라는 것이 확실함니다. 그럼으로해서 전 세계의 평화와 자유가 영속되는 것임니다.

(『대통령이승만박사담화집』, 공보처, 1953)

8·15 경축일을 마지하며

1950. 08. 15

금년 팔·일오(八·一五) 경축일은 민국독립 제이(二)회 기념일로서 전 국민이 다갓치 지켜야할 이때에 공산도배의 침략으로 말미아마 정부가 수도를 떠나서 림시로 표백하는 중 전 민족이 난리를 당해서 도로에 방랑하며 풍우표령한 이 처지에서 행정부와 립법부가 대구시 추최 하에 백전불굴의 기상으로 이와 갓치 기념식을 거행하게된 것을 우리가 잠시 당한 위란보다도 이날을 얼마나 중요시 한다는 것을 세인에게 표시하는 것임으로 이 경축이 더욱 의미잇고 력사적인 것을 인증하는 바입니다.

우리가 더욱 치하할 것은 공산도배의 침략을 정지시키기 위해서 세계 모든 문명한 나라들이 군사와 물자와 성심으로 참전하고 잇서서 날마다 원조가 들어오는 중임으로 비록 처음에는 침략자들에게 여간 승리가 잇섯다 할지라도 얼마 아니되어서 적군은 다 패망하고 남북이 민국정부 밋헤서 통일을 완수할 것이며 우리가 오늘 잠시 동안 곤란한 경우에 처한 것을 별로 관념할 것이 업는 줄로 아는 것 임니다. 공산군의 난리를 만나서 얼마동안 곤욕을 보는 것을 우리 뿐만아니라 거진 세게 모든 나라가 다소간 당하는 것인데 한나라가 당하는 화란을 위해서 세게 모든 나라가 일제히 일어나서 싸우게 되 는 것은 우리나라에서 비로소 처음되는 일임으로 우리는 모든 우방 에 대해서 무한한 감사의 뜻을 표시하지 않을 수 업는 것임니다.

  이북 공산주의 한인들이 이남 민주주의 한인들을 침략한 것이 단 순한 내란이라면 우리끼리 싸워서 남이 이기거나 북이 이기거나 국내 에서 판결될 것인데 세게 모든 민주국가들이 우리를 도아서 우리와 갓치 싸우는 것은 우리의 싸흠이 단순한 내란이 아니고 강한 이웃나 라가 뒤에 안저서 이북 괴뢰군을 시켜 이남 민주정부를 파괴한 후에 무력으로 남북을 통일해서 저의 속국을 만들자는 야심을 가지고 침 략을 시작한 까닭에 민주세게에서 이와 갓치 공분을 늣기고 싸우게된 것임니다. 이 전쟁이 삼, 사년 전에만 시작되엿어도 유엔에서나 미국에 서 전적으로 일어나서 이와 갓치 싸우기를 햇슬 것이오 또 싸우기를 시작해서는 전 세게가 이와 갓치 응원할 수 업섯슬 것인데 지금은 소 련이 도처에서 공산당에게 군기와 무장을 주어 모든 나라를 정복시켜 서 세게를 한 나라로 만들겟다는 야심을 가지고 민주세게를 교란케 한 결과 각국에서 이 이상 더 참을 수 업서 만일 한국에대한 침략을 방임해두면 모든 나라가 다 침략되리라는 각오로 이와 갓치 일어나게 된 것임으로 우리가 우리들 위해서 싸우는 동안에 우방들은 각자 자 기 나라를 위해서 우리 국군과 엇개를 겯우고 싸워나가는 중임니다.

소련 사람들이 세계 대세를 살펴서 지금이라도 고개를 숙인다면 우리 강토는 우리가 다 통일해서 문제를 해결하는 동시에 세계대전도 면할 수 잇슬 것이지만 그러치 안코 소련이 몽매해서 세계를 대항하려고 한다면 그때에는 우리가 련합군이 더욱 합동단결해서 침략주의를 업새버려야만 난리를 업시하고 세계평화를 회복할 것입니다.

이러한 중에서 우리가 맛당히 할일도 만코 세계 모든 우방에 대한 부담도 또한 크고 무거운 것입니다. 그럼으로 우리 국민을 오직 한마음 한뜻으로 련합군과 합작해서 우리 문제는 단독적으로나 합동적으로 완전히 해결하도록 진행해야만 될 것입니다. 국가의 독립과 인민의 자유는 내가 늘 선언한 바와 갓치 남의 례물이나 기부로 되는 일은 전에도 업섯고 일후에도 없을 것입니다. 그 나라와 그 사람들이 싸워서 귀중한 감을 상당히 갑허논 뒤에야 그것이 참으로 그 나라의 독립이오 그 민족의 자유입니다. 그러치 안코 엇은 것을 가치가 업고 따라서 오랫동안 무지하지 못하는 법이니 미군이 일본을 타도시키고 우리를 해방한 것은 영구히 잇지 못할 은공이지만 허논 자유 타도시키고 갑기 전에는 우리의 것이 안임으로 오늘 이 전란에 잇서서 우리가 우리의 언한과 우리의 인권을 보호하고저 귀중한 피를 흘리며 집과 재산을 다 버리고 참으로 그 고생을 달게 맞으면서 용맹스럽고 굿센 마음으로 조곰도 퇴축하지 안코 싸워나가는 것이니 이갓은 혈전과 고란을 충분히 지낸 뒤에야 우리가 과연 고갑진언한과 빗나는 자유를 누릴 수 잇슬 것이며 그러한 자유와 언한만이 비로소 우리의 자손만대 섯고 영원히 운전될 것임으로 오늘 우리가 당하는 이 난리가 맛당히 당할 난리요 또 우리가 끗까지 맛당히 승리할 싸움인것이다.

모든 동포들은 이 정신과 각오로서 더욱 위로하며 건전한 마음
으로 긋까지 분투해서 만세복리의 기초를 세우는 데 큰 공헌잇는
기초자가 되기를 바라며 이 말로서 기념사를 끗냅니다.

(『대통령이승만박사담화집』, 공보처, 1953)

기념사, 제2회 광복절을 맞이하여

1950. 08. 15

금년 8·15 경축일은 민국독립 제2회 기념일로서 전 국민이 다같이 지켜야 할 이때에 공산도배의 침략으로 말미아마 정부가 수도를 떠나서 임시로 천도 중이며, 전 민족이 난리를 당해서 도로에 방황하며, 풍우표요(風雨飄?)한 이 처지에서 행정부와 입법부와 대구시 주최하에 백절불굴(百折不屈)의 기상으로 이와 같이 기념식을 거행하게 된 것은 우리가 잠시 당한 위난보다 이날을 얼마나 중요시 한다는 것을 세인에게 표시하는 것이므로 이 경축이 더욱 의미 있고, 역사적인 것을 인증하는 바입니다. 우리가 더욱 치하할 것은 공산도배의 침략을 정지시키기 위해서 세계 모든 문명한 나라들이 군사와 물질과 성심으로 참전하고 있어서 날마다 원조가 들어오는 중이므로 비록 처음에는 침략자들에게 약간 승리가 있었다 할지라도 얼마 아니 되어서 적군은 다 패망하고 남북이 민국정부 밑에서 통일을 완수할 것임에 우리가 오늘 잠시 동안 곤란한 경우에 처한 것을 별로 염려할 것이 없는 줄로 아는 것입니다. 공산군의 난리를 만나서 얼마동안 곤욕을 보는 것은 우리뿐만 아니라 거진 세계 모든 나라가 다소간 당하는 것인데 한나라가 당하는 환란을 위해서 세계 모든 나라가 일제히 일어나서 싸우게 되는 것은 우리나라에서 비로서 처음 되는 일이므로 우리도 싸워야 할 것입니다. 모든 동포들은 이러한 정신과 각오로서 더욱 위로하여, 건전한 마음으로 끝까지 분투해서 만세복리(萬歲福利)의 기초를 세우는데 큰 공헌이 있는 기초자가 되기를 바라며, 이 말로서 기념사를 마칩니다.

단기 4283년 8월 15일

대통령 이승만

(대통령이승만박사담화집 , 공보처, 1953)

위생관념과 청결운동에 대하여

1950. 08. 17

공산반란으로 국가와 민생에 곤궁한 경우를 당하여 우리가 불결하게 산다는 사소한 문제를 말할 시간도 없을 뿐더러 이런 것을 세인 이목에 참아 문자로 설명하기 너무도 부끄러워서 우리 사람들에게 종용히 일러서 할 수 있는 대로 개량해 볼려고 하였으나, 지금 와서는 우리의 생활상 욕그럽고 수치스러운 내정이 세계 보도에 날로 발표되고 있으므로 부득이 공개로 설명해서 이런 것을 부끄러워하여 놀랍게 생각하는 동포들의 공심을 이르켜 일변으로 공산당과 싸우는 동시에 일변으로 수모를 막게 되도록 바라는 바이니, 이런 수모로 인연해서 우리나라에 대하여 전 민족이 힘써서 이러한 수치를 방지할 싸움을 시작해서 계속 분투해야할 것이다. 통털어 말하자면 지나간 40년 동안에 한인의 생활과 문화 정도가 어떻게 타락되었는지 국내에서 산 사람은 모르지만, 내가 귀국한 이후 이것을 실지로 보고 심히 한탄한 것이다.

우리 사람들이 어떻게 더럽게 살고 위생이라는 것을 깨닫지 못해서 앞뒤에 인분을 싸아놓고, 또 어떤 집에는 이와 벼룩과 빈대가 방마다 흐터져 있는 것을 도모지 심상히 보고 지내오며, 어떤 사람은 남의 점잔은 자리에 앉았다가 몸에서 벼룩과 빈대가 퍼져서 그 집에 전칠(傳染)하게 되었으므로 깨끗이 사는 사람들은 사람을 집안에 들여 앉히기를 어렵게 생각할만치 되고 있으니, 위생 방면으로 보아 우리가 40년 동안 타락한 것을 통탄히 여기지 않을 수 없는 것이다. 옛날에도 인분으로 비료를 만들게 되므로 변소나 밭모통이에 싸아두고 지냈으나, 그 위에 재를 뿌리던지 잿물 같은 것을 뿌려서 구데기와 벌레와 파리가 모이는 것을 될 수 있는 대로 금하여 무엇이나 덮어서 보이지도 않고 냄새도 나지 않도록 한 것인데, 내가 귀국하여 처음 보매 농부들이 밭 옆에 싯누런 인분을 그냥 퍼서 너러놓아 구데기와 파리가 엉키며 냄새가 나는 것을 그냥 보고 살고 있게 되어 외국인들이 이것을 보고 신문에 글을 써보내어 말하는 것을 들으면 참아 부끄러워서 고개를 들고 나설 수가 없는 것이다.

공산당들이 한인에게 욕되고 흉측한 것만 세계에 전파해서 미국인들이 한국에서 다 나가도록 계략을 써온 까닭에 심지어는 농부들이 추수를 안 해도 살 수 있다고 하면서 일하지 않는다고 하므로 미국인들이 이것을 듣고 조소하며, 또 인분으로 더러워서 돌아가도록 만들어 한국에서 살다가 돌아간 사람들이 미국인뿐만 아니라 해외에 있던 한인 청년들 중에도 고개를 돌리고 해외로 다시 나간 사람들까지 있었다. 새벽부터 저녁까지 부즈런히 일해서 이러한 추잡한 것을 다 눈에 보이지 않고 코에 냄새를 맡지 않게 할 수 있으면 우리가 전쟁을 이기는 데도 큰 도움이 되고, 또 그후에라도 남의 대접을 받고 살 수 있으니, 이것을 개량할 수 없다면 세계 개명한 나라로 대우를 받을 생각은 다 버려야 할 것이다.

이러한 말을 하는 나로는 통분하고 수욕스러운 것을 금할 수 없어서 집집마다 길목마다 사람마다 붓잡고 대성질욕하고 싶다. 이에 따라 사람마다 급급히 생각하고 행해야 될 것은 집안이나 어데를 물론하고 사람 사는 데는 다 대청결해서 더러운 것이 눈에 보이거나 코에 바치거나 몸에 대이지 않게 다 없애버리고 살자는 각오를 가지고, 관민과 남녀를 막론하고 다같이 더러운 것과 싸워서 그것을 청소해 버리지 못한다면 그 결과로는 외국 군인이나 우리 군인이나 또는 모든 평민들이 괴질에 걸려서 죽는 자가 전쟁으로 총검에 죽은 것보다 더 많을 테이니, 이것은 문화적 도의적 언론에 끝이는 것뿐 아니요, 사람마다 급급히 제 생명을 구하는 동시에 동포의 생명을 위해서 일하지 않으면 일 될 것이니, 전쟁에 의례히 괴질과 전칠병(傳柒病)이 발생하지 않을 적이 없었으며 이것이 유행되기 시작되면 빈부귀천을 물론하고 생명이 위태하게 된 것이나, 나라의 수치와 민족의 위생은 다 그만두고 각각 제 살길만 단순히 생각하더라도 몸과 거처와 동리와 가정과 도시와 도로 등 전체를 조직적으로 대청결해야만 살 수 있을 것을 알아야 할 것이다.

이 금수강산을 가지고 지옥처럼 만들어 놓고 산다면, 우리는 참으로 세계에 못난 사람으로 지목받아도 억울하다고 할 수 없을 것이니, 이 앞으로는 우리를 위해서 백방으로 세계에 선전해주는 세계 각국 기자들이 보도하는 말을 번역해서 알려주려고 하나, 아무렇게나 살다가 아무렇게 죽고 말자는 사람을 제외하고는 모두 다 일대 경성해서 방방곡곡에 단체를 조직해 가지고 순서적으로 일대 청소 운동을 전개하여 시민의 책임과 인류의 책임을 지금부터 시작해서 게을리 하지 말고 간단없이 계속해야만 사람다운 생활을 할 수 있고, 나아가서는 세계시민의 자격을 얻을 것이다.

(『대통령이승만박사담화집』, 공보처, 1953)

정부이전과 피난민에 대하여

1950. 08. 18

　대구와 부근 각처에 있는 일반 시민에게 급히 알리고저 하는 바는 현재 전세가 많이 호전되어서 각 방면 전선에 군비군물과 내외 군인이 전보다 더 굳건히 보장되고 있는 터이므로 위험성이 전연 없다고 보증할 형편은 못되나 지나간 수주일 동안에 비교하면 오늘 형편이 많이 나은 중에 있으며, 앞으로 더욱 공고케 될 것이므로 일시 포성이나 또 폭탄이 핍근(逼近)한 것으로 인연해서 큰 소동이 되지 않기를 바라는 바이다.

　정부에서는 책임상 관계로 동정을 경홀히 하기 어려운 것이 사실인데, 공산당의 최고 목적은 정부가 없어졌다던지, 또는 타격을 받았다는 구실을 가지고 저이가 남북을 다 통일한 듯이 세계에 허위선전하므로써 연합국의 입장을 곤란케 만들려고 하는 것이니, 이것이 또한 소련의 가장 의도하는 바이므로 UN 당국들과 특히 미국 총사령장관들이 군사상 필요로 대통령과 정부는 대구를 떠나서 타처로 옮겨달라고 요청한 것이니, 이것은 국제상 경우뿐만 아니라 군사상 계책으로 보아도 정부가 여기 있을 동안까지는 적군들이 여기를 중요시해 가지고 전력을 다해서 연합군의 후원이 충분히 들어오기 전에 침략을 목표로 삼을 것이고, 또 공산분자들이 잠입 방식으로 몇 10명 몇 100명식 들어와서 소동을 이르키거나, 또는 어떤 폐단이 생길지라도 대통령과 정부를 보호하기에 노력하게 되면 군사상 절력이 분단되어 다소간 곤란한 점이 있을 것이므로 우리가 앞으로 치워주기를 공식으로나 사석에서 누누히 요청된 까닭에 전선의 위기 여부는 막론하고 우리가 절대 협의하지 않을 수 없는 형편이므로 정부가 자처로 이동되는 것을 정식으로 공포하는 것이나, 실상 내용으로는 여기서 어디까지든지 지켜나갈려고 하는 주의를 가지고 있는 터이니, 정부 이전에 대해서 이전이라는 문구가 대통령 유시(諭示)에 있을지라도 그것으로 인연해서 황겁(惶怯)한 생각을 가지지 말며, 기왕 피난하기로 작정하고 타처로 옮기랴든 사람들은 다 자원대로 방임하는 중이니, 경찰의 지시를 받어서 군사상 필요한 근처에는 가지 않는 것이 좋을 것이다. 언제든지 적이 침입하려면 우리 군인을 먼저 침격할 것이므로 군사상 시설이나 군인 있는 근처로 가는 것은 도리어 위험한 곳으로 들어가는 것이니 이를 피해야 할 것이며, 또 군사상 행동을 순조롭게 하지 않으면 혼란을 일으켜서 오히려 적을 도와주는 결과가 될 수도 있는 것이매, 이에 대해서는 절대로 군경의 지시에 순종해야 될 것이다.

지금 대구와 부산은 반도남단에 있는 우리의 마즈막 방위지이므로 국군뿐만 아니라 연합군에서도 죽기로 싸워 빼았기지 않을 계획이며, 또 이에 대한 상당한 준비가 있어서 우리는 대구의 안전을 과히 우려하지 않는 중이나, 이상에 설명한 사정에 이끌려서 오직 군사상 편의를 주기 위한 의도로 이와 같이 정부를 이전하는 것뿐이요, 만일 여기까지 빼앗길 염려가 있다면 이 뒤에는 더 갈 곳이 없는 것이니, 대통령 한 사람부터라도 여기 남아 있어서 시민과 함께 빈손을 들고라도 죽기로서 싸우자는 결심이나, 사세(事勢)가 그렇지 못해서 내외국군이 능히 지킬 수 있다는 신념을 가지고 아못조록 군사상 편의를 주어 희생을 적게 내고 성공하기를 기대하는 바이므로 일반 동포들은 이에 설명하는 바를 확실히 믿고 공연한 허경(虛結)으로 피해갈 곳도 없이 이리저리 피난하려다가 도리어 고생과 손해만 당할 염려가 있어서 이와 같이 설명하는 바이니, 깊이 생각해서 지혜로운 길을 택하기를 바라는 바이다.

(『대통령이승만박사담화집』, 공보처, 1953)

제1, 제2군단 용사에 대한 격려사

1950. 08. 18

오늘 기회를 얻어 일선에 있는 여러 장병들을 찾아 씩씩한 그 모습에 접하게 되니 무엇이라 감격을 말할 수 없다. 공산주의자들이 침략을 개시한 이래 우리 국군은 무기도 많치 못하고, 병력도 부족하였지마는 조곰도 그놈들한데 굴하지 않고 용감히 잘 싸웠기 때문에 지금 세계 만방은 우리 국군의 용감성을 많이 찬양하고 있는데, 기중에도 제○군단 장병의 감투는 세계에 우리나라 청년 장병의 실력을 유감없이 발휘한 데 대하여 기쁘게 생각하는 바이다. 전 세계 우방국가들은 정의와 도의심을 발휘하여 자기 나라와 같이 우리 국군 지원을 일익(日益) 증강하고 있으며, 군대와 새로운 무기와 약품, 기타 군수물자를 많이 보내고 있어 우리 국방력은 급속히 강화하고 있으니, 전 장병은 지금까지의 전공에 더욱 광채를 가하도록 최후의 승리를 얻기까지 일치결속(一致結束)하여 우리나라와 민족을 위하여 더욱 용감히 싸워주기 바란다.

(『대통령이승만박사담화집』, 공보처, 1953)

정부 임시천도에 대하여

1950. 08. 19

우리가 북한괴뢰군의 불의의 침해를 받아온 지 50여 일간 그동안 세계 모든 민주우방의 열렬한 지원과 또 미(美), 영(英), 호(濠) 등 연합군이 우리나라의 독립을 위하여 생명을 내걸로 국군과 합작하여 싸워나가는 동안 전과는 말로 올라가고 있는 중이며, 특히 8월 15일을 전후한 연합군의 맹폭은 북으로 나진(羅津), 청진(淸津)과 서(西)로 압록강 근변을 위시하여 남북한 각지에 적군이 잠재해 있거나 적의 군사물을 수송 또는 은닉 비치한 목표물에는 하나도 남김없이 모조리 폭탄을 퍼부어서 다시는 재기하기 어려울 만큼 군기나 병력에 일대 손해를 주어오고 있는 중이니, 우리가 군기와 군물이 부족하여 뜻 아니한 후퇴를 해오든 때와 비교해보면 실로 천양지차(天壤之差)가 있어 흔쾌함을 금할 바 없는 것이다.

우리는 임시수도로 정한 대구에서 최후의 한 사람까지 총단결해서 비록 적이 이리로 쳐들어 오드라도 우리는 죽음을 각오하고 싸워야 되겠다는 것을 여러 번 말하여 왔고, 또 그만한 준비를 단단히 하고 앉았든 터이다. 그러나 우리 민주연합의 하는 싸움은 정정당당하게 차리고 나가는 데 대하여 적군들은 좀도적처럼 이리저리 새여 들어오는 전술을 쓰는 고로 무엇보담도 인명을 애끼는 우리로서는 참아 가혹한 살육을 할 수 없어 주저하여 오든 터이나, 이제와서는 저들의 보급로가 다 끈어져가고, 최후의 발악으로 한 데 모여 무찔러 들어오려는 자에 대해서는 요서없이 쳐부수지 아니할 수 없었든 것이니, 8월 16일 낙동강(洛東江) 서북방의 폭격은 이러한 의미에서 대규모로 버려졌든 것이요, 이러한 폭격은 적군들이 저의 잘못을 뉘우치고 물러나가는 날까지 계속될 것이다. 이만큼 전국(戰局)이 호전되어가는 이때 최후의 승리가 목첩(目捷) 있을 것을 확신하게 된 우리로서는 하로바삐 환도(還都)할 준비를 하면서 다시 한번 마음을 돌려 우리나라를 위하여 오늘까지 싸워준 52개 민주우방의 세계평화정책에 대한 충분한 이해와 감사가 있어야 할 것이다.

그런데 연합군사령부로서는 최후의 승리를 위한 총공격의 태세를 가추어 나가는 중에 대규모의 작전이 가일층(加一層) 필요하게 된 것이요, 그리하기 위하여 대구시는 일반 행정시보담도 작전상 필요한 군경이나 교통기관을 완비하는 장소로 정해가지고 일거에 대결할 확호(確乎)한 근본방침을 세우게 되었으므로 직접 작전에 관계없는 모든 행정기구는 환도하기까지 잠시 자리를 부산으로 옮겨달라는 요청이 있게 된 것이다. 만일 이것이 후퇴를 위한 것이나 또 적군이 쳐들어오는 것이 두려워서 이러한 조치를 취하는 것이라면, 대통령으로 앉았는 나로서는 그 자리를 내여놓고라도 애국청년시민들과 함께 싸워서 이 대구시 한복판에서 사생을 결단할 각오를 벌써부터 가져왔든 것이요, 또 이 뜻은 내가 수차 국민에게 알려왔든 터이니, 그러므로 오늘 우리 민국정부가 부산으로 옮마가는 것은 작전상의 중요한 이유로 긴급히 연락을 취해야 하게 되었으며, 더욱 수백만 전재(戰災)동포를 위한 구호물자와 파괴된 도시들의 재건 계획에 대한 진행 등 허다한 사무처리에 있어 막대한 편리가 있을 것이므로 이러한 사무운영상 관계로 정부기관은 수일 내로 부산으로 임시 천도하기로 작정한 것이다.

혹 천도를 시급히 생각하는 이들 중에는 불편한 대로 대구에 남았다가 바로 서울가는 것이 마땅하다고 할 것이요, 일방에서는 작전을 빙자하여 대구를 버리고 간다는 맹랑한 유언을 퍼트리는 분들이 있을 것을 생각하여 이상과 같은 실정을 적어서 애국동포들에게 널리 전해드리는 바이니 아유부로(兒幼婦老)를 제외한 일반 시민은 안심하고 생업에 가일층 면려(勉勵)할 것이요, 그러하로므써 나라를 위하고 민족을 위하며 자손만대의 복리를 위하여 필요의 노력과 봉사와 애국정신을 발양(發揚)하여 조국방위와 통일독립 완수에 빛나는 공헌이 있기를 바라는 바이다.

(『대통령이승만박사담화집』, 공보처, 1953)

강제모병 말라

1950. 08. 22

우리 전쟁의 곤란은 인원 수가 부족한 것이 아니고 군기가 부족함으로 인연해서 이와 갓치 곤란을 당해온 것인데 우리 방위대와 청년단에서 군기만 주면 싸워서 적을 물리치겠다고 울면서 요청하는 것을 다 수응치 못해서 도모혀 낙심될만한 처지에 잇스니 군기만 잇스면 이 사람들이 전부 나가서 저의 집과 저의 나라를 보호하기에 목숨을 앗기지 안이 할 것이니 이때에 증병령이나 모병령을 말하는 것은 필요치 안을 뿐 아니라 도로혀 인심을 소란케 할 것임으로 이것을 다 정지하며 한두 사람이라도 강제로 병역에 인록시키랴는 것을 엄절히 금할 것임으로 이 뜻을 발한 후에 어데서던지 이런 폐단이 잇스면 즉시 당국에 보고하야 엄중히 처벌하도록 할 것이다. 누구던지 자원해서 출전코저 하는 사람들은 각도지사에게 청원 등록하고 각기 소재지에서 훈련과 조직에 복종해서 기다리고 잇스면 군기가 날로 들어오는 터임으로 군기가 수용되는대로 출전할 기회를 엇도록 할 것이다.

(『대통령이승만박사담화집』, 공보처, 1953)

이번 전쟁을 기회로 신생활운동을 전개하자

1950. 08. 25

외국신문에 우리나라에 대한 기사가 날마다 전폭적으로 보도되야 우리에게 동정하고 후원하는 언론이 우리에게 희망에 넘치는 영광을 주게 되는데 오직 인분 냄새와 이 벼룩 빈대로 말미아마 술수업는 생활을 한다는 말이 종종 각신문에 게재되여 세게 사람들의 안목으로 보면 짐생의 정도에 못지안는 감상을 주게 되니 이것이 본래 우리 민족의 문화 정도가 빈천한 것이 아니고 왜정 밋에서 퇴보 타락해서 짐생의 생활 정도에 이르러 지금은 더러운 것과 괴로운 것을 거의 다아지 못할만치 되엿슴으로 한인들이 사는 곳은 도시나 촌락이나 또는 몃 가구가 사는 동리만 가더라도 냄새와 추잡한 상태가 버러 저서 실로 견델 수 업는 형편을 만들어 노앗스니 이때에 우리가 크게 경성해서 관민과 남녀가 전적으로 대궐기하야 이 전쟁을 기회로 삼어 이러한 것을 다 청쇄해서 누가 어데로 가던지 청신할 공기와 청결한 환경 속에서 안고 눕고 행하기에 마음노코 평안한 생각이 나도록 만들어노코 살자는 결심으로 공산당을 청쇄하는 전쟁을 하는 동시에 국민 생활에 원수되는 모든 추잡한 것을 청쇄하기로 주야 쉬지 말고 분투하며 극복할 것을 결심하며 결전하여야 할 것이다 ECA의

원조와 UN협조로 「듸듸틔」를 가루와 물로 거대한 수량을 가저오게 되니 들어오는 대로 집집마다 논아주어서 의복과 신체와 가구와 침요 침상 기타 정원 변소 등에 경제적으로 뿌려서 모기와 파리 각종 충을 업게 만들되 한번에 만흔 수량을 써서 다 업실 생각을 말고 얼마씩 개량해서 련속 청쇄해 나감으로서 철저히 거근시키기로 작정해야될 것이며 거근한 뒤에라도 다시 생기지 못하게 하는 방식은 「듸듸틔」와 다른 약물도 쓰겠지만 첫재로 청결을 주장해서 때와 땀과 몬지와 쓰레기등을 일일(——)히 소제함으로서 충이 생기지 못하고 또 오예물이 눈에 보이지 못하게 해야될 것이니 이것을 할 줄 모르거나 게흘러서 아니하거나 하는 사람은 제 집에서 사는 사람이라도 모라내서 다 청쇄한 후에 살도록 법에 넘치는 일이라도 해야할 것이니 그러치 안코는 우리 전 민족이 개명한 세계에서 개명한 사람의 대우를 밧을 수 업고 또 따라서 이런 조흔 나라에서 이와 갓치 살 수 업다면 필경은 이런 것을 능히 할만한 사람을 시켜 주장하게 만들어야될 것이오. 우리가 잘살거나 못살거나 인간지옥을 만들어노코 살더라도 우리나라이니 우리 정도 대로 살겟다고 하는 사람들은 다 모라나고서라도 개량개진해서 신세게 신문명에 다갓치 전진하자는 사람끼리 손잡고 노력해야만 우리도 문명하고 우리 뒤에 오는 자손들도 수욕과 수모를 밧지 안코 남과 갓치 살 수 잇슬 것이다. 지금부터 우리가 구호로 불으며 방방곡곡에 붓칠 것은 인분 냄새와 이 벼룩 빈대를 절대 업시하고 살자는 것으로 우리 전 민족이 다 궐기해서 일대전쟁을 개시함으로서 우리의 생활 반절을 햇치는 것을 다 업시하고 살기로 결심하고 일하자.

(『대통령이승만박사담화집』, 공보처, 1953)

제주도 지방방송국 개국식 치사

1950. 08. 25

오늘 이 자리에 관민유지(官民有志) 여러분이 한자리에 모여 제주도 지방방송국(濟州道地方放送局)을 개설(改設)함에 있어 여러분과 같이 널리 기뻐하는 바입니다. 본래(本來) 제주도(濟州道)는 지방(地方) 여러분들이 공론(公論)으로서 갈망(渴望)해마지 않든 터이니 우리 정부(政府)로서도 가급적(可及的)속(速)한 방법(方法)으로 방송국 설치(放送局設置)를 촉진 (促進)해오던 것이 여의(如意)치 못하여 오늘에 이르게 되었던 것입니다. 더욱이 이북(以北)의 반역배(叛逆輩)들이 불법남침(不法南侵)을 개시한 업 (業) 이처럼 지리적(地理的)으로 군사적(軍事的)을 뿐만아니라 계몽(啓蒙) 와 정보상(情報上)으로도 중추적 역할(中樞的役割)을 부하(負荷)하고 있는 방송사업(放送事業)이 남도(南渡)의 고도(孤島) 제주도(濟州島)에도 혜택(惠澤)받게 된다는 것은 그외 의의(意義)가 중대(重大)한 것입니다. 본래(本來) 이 방송(放送)이란 현대과학전(現代科學戰)에 있어서 홀시(忽視) 할 수 엄는 전쟁무기(戰爭武器)의 하나로서 아모리 무력실력(武力實力)이 강(强)하다고 하드라도 정신실력(精神實力)인 전보전(電報戰)에 패(敗)하고 만다면 그 싸홈은 승리(勝利)하기 어려운 것입니다. 그러기 때문에 하로속(速)히 공산도배(共產徒輩)들을 멀리 만주(滿州)벌판으로 축출(逐出)하고 평화(平和)와 자유(自由)로 살 수 있는 국토(國土)를 이룩하기 위(爲)하여 관(官)이나 일반민중(一般民衆)은 합심(合心)으로 이를 협조(協調)하여야 할 것입니다. 내가 이 자리에서 말하고저 하는 것은 오늘날 우리 싸홈이 지금(至今)부터는 민족투쟁(民族鬪爭)의 내란 정도(內亂程度)를 지나서 세계 오십여개국(世界五十余個國)이 우리를 도와서 싸홈에 가담(加擔)하게 될 벌써 막대(莫大)한 군기군물(軍器軍物)이 도착(到着)된 데다가 우리와 친우(親友)인 맥아더장군(將軍)이 지휘(指揮)하는 용감(勇敢)한 국제연합군(國際聯合軍)이 잘싸워주고 있으니 머지않어 노변(路邊)에서 풍찬노숙(風餐露宿)하는 많은 동포(同胞)나 정부(政府)가 사대사미(事大事美)를 가게 될 것이니 이제 잠시동안만 경과(經過)하면 당초(當初)에 작정(作定)했던 남북통일(南北統一)이 완수(完遂)될 모던 동포(同胞)들이 화평(和平)하게 살어갈 수 있게될 것이니 그때에는 제주도(濟州道)에도 이 방송(放送)을 통(通)해서 본토(本土)의 동포(同胞)들과 동일(同一)한 문화(文化)와 사색(思索)을 누리게 될 것이므로 어떠한 불편(不便)도 제거(除去)될 것입니다. 아모조록 제주도(濟州道)와 도민(道民) 여러분은 모던 시국사정(時局事情)을 절실(切實)히 양해(諒解)하여 한뜻으로 방송사업(放送事業)을 도와 전쟁완수(戰爭完遂)에도 큰 도움이 되게 하여 주시기를 부탁하는 바임니다.

단기사이팔삼년
팔월이십오일(檀紀四二八三年 八月二十五日)
대통령(大統領) 이승만(李承晚)

전 민족적으로 청소운동 이르키자

1950. 08. 28

외국 신문에 우리나라에 대한 기사가 날마다 전폭적으로 보도되는데, 그것이 거의다 우리에게 동정과 후원하는 언론이므로 희망에 넘치는 영광을 받게 되는 중, 오직 인분 냄새와 이 벼룩 빈대 때문에 살 수 없는 생활을 하고 있다는 것이 종종 나고 있어서 개명한 세계 사람들의 안목을 짐승의 정도만 못지않는 감상을 주게 되니, 이것은 우리 민족이 본래 문화 정도가 빈천해서 그런 것이 아니요, 왜정 하에서 퇴보 타락해서 이러한 생활 정도에 이르러 지금은 더러운 것과 괴로운 것을 거의 다 아지 못할만치 되고 있으므로 한인들이 살고 있는 곳은 도성이나 촌락이나 그 밖에 몇몇 가호가 있는 동리만 가더라도 냄새가 나며, 추잡한 상태를 이루고 있어서 실로 견딜 수 없는 형편이니, 이 전쟁 기회로 우리가 크게 경성해서 관민남녀가 전적으로 궐기하여 일대 청소운동을 이르켜 누가 어디로 가던지 청신한 공기와 청결한 환경 속에서 마음 놓고 행동하며 생활할 수 있도록 만들어 놓고 살자는 결심을 가지고, 공산도배를 청쇄하는 전쟁을 하는 동시에 우리의 생활상 원수되는 추잡한 것을 청쇄하기에 주야 쉬지 말고 분투노력해야 할 것이다.

ECA 원조와 UN 협조로 DDT를 가루와 물로 거대한 수량을 가져오게 되어 들어오는 대로 집집마다 노나주어서 의복과 주택과 가구와 침욕침상(寢褥寢床)과 정원과 변소 등에 경제적으로 뿌려서 모기와 파리 벌레를 다 없이 하게 하되, 한번에 많은 수량을 다 허비할 생각을 하지 말고 절약해서 계속 청쇄하므로써 거근(去根)시키도록 해야 할 것이며, 거근한 뒤에라도 다시 생기지 못하게 하는 방식은 DDT와 기타 약물도 쓰겠지만, 첫째로 청결을 위주해서 때와 병과 몬지와 쓰레기 등을 일일히 소제해서 충이 생기지 못하게 하며, 또 오물이 눈에 보이지 않게 해야 될 것이니, 이것을 할 줄 모르거나 게을러서 아니하는 사람들은 제 집에서 사는 사람이라도 다 몰아내서 청쇄한 후에 살게 해야 할 것이다.

우리가 깨끗이 하랴면 이렇게 법에 넘치는 일이라도 부득이 해야 할 것이니, 그렇지 않고는 개명한 세계에서 전 민족이 개명한 사람의 대우를 받을 수 없고, 또 이런 좋은 나라를 가지고 이와 같이 할 수 없다면, 필경은 이것을 할 수 있는 사람에게 시켜서 주장하게 만들어야 될 것이니, 우리가 잘사나 못사나 우리나라이니만치 인간지옥을 만들어놓고 살더라도 우리 정도 그대로 살겠다는 사람들은 다 몰아내고서라도 날로 개량 전진해서 신세계 신문명에 함께 진전하자는 사람끼리 힘써서 우리도 문명되고 우리 뒤에 오는 자손들도 욕과 수모를 당하지 않고 남과 같이 살 수 있게 해야 할 것이다.

그러므로 이제부터는 우리가 구호로 방방곡곡에 써붙혀야 할 것은 인분과 악취와 이와 벼룩과 빈대를 다 없이 하고 살자는 것이니, 우리 전 민족이 대궐기해서 더러운 것과 일대 전쟁을 개시하므로써 이를 극복하도록 결심해야 할 것이다.

(『대통령이승만박사담화집』, 공보처, 1953)

모병(募兵)에 대하여

1950. 09. 03

국회에서 근 열삭(朔) 전에 통과하여 병역법(兵役法)을 발포한 것을 실시하기로 되었으나 대통령의 명령으로 징병을 잠시 정지시킨 이유는

일은 우리 청년들의 애국정신으로 자원 출전하기를 열렬히 주장해서 군기만 있으면 누구나 다 나가겠다는 사기가 세계에 자랑할 만한 정도이어서 징병령을 실시하므로서 도리어 청년들의 기상을 손실시키는 우려를 없게 하고저 함이며,

이는 병역법 실행을 충분히 인식하지 못하고 군인들이 청년들을 수색해서 강제로 뽑게 된다는 오해가 생기어 민간의 분규상태가 있기에 이르므로 이것을 피해서 각계 청년들의 자원 출전의 기회를 주고자 하는 것이다. 강제모병을 정지하라는 대통령령이 발포된 뒤로 각처 청년들이 자원으로 등록하는 사람이 날로 증가되어 순조로 다수 청년을 모집하게 된 것은 우리가 다 자랑하고자 하는 바요, 또한 우리 천년의 애국심이 이와 같이 열렬한 것은 우리가 감격치 않을 수 없는 것이다.

그러나 우리 형편이 하로바삐 준비해서 군기의 상당한 수량을 얻어가지고 언제든지 연합군이 북으로 올라가게 될 때에 우리가 연합군을 도와서 선봉이 되고자 하는 욕망도 많거니와, 또는 연합군이 전진하는 뒤에서 무장한 청년 군대들이 성시(城市)와 촌락과 산림 속에 무쳐서 숨어있다가 대군이 지나간 뒤에 공산군이 여당(餘黨)을 합세해서 폭동과 폭란을 일으키는 후환을 막기 위하여 일일히 수색해서 반란분자들을 적발 처치해야 할 것이므로 청년들의 다수를 하로바삐 모집 준비할 필요성을 느끼므로 자원병만을 받기로 한다면 응급책에 지연될 우려가 없지 아니하므로 자(玆)에 다시 공포하노니, 자원병은 한편으로는 병역법에 따라서 자원 여부를 막론하고 관민일체로 일일히 등록하여 애증친소(愛憎親疏)를 구별할 것 없이 국법대로 모병하므로 하로바삐 군적을 완성해서 군기를 얻는 대로 그중에서 뽑아서 방위대로 충용할 것이며, 오직 자원병으로 등록되는 자들은 전쟁이 끝난 후에 각각 개인의 뜻과 원에 따라서 병역해제원(兵役解除願)을 허락할 수 있을 것이니, 일반 애국청년들은 다 의용심과 책임심을 가지고 하나도 퇴축치 말며 열렬한 대한민국 청년으로서의 기상을 표현시켜야 될 것이다.

기왕에 공포된 바와 같이 청년 방위대원은 의례히 등록한 대로 따라서 응용할 것이요, 대한청년단원(大韓靑年團員)과 학도호국대(學徒護國隊)는 기왕 조직한 대로 전국청년단(全國靑年團)으로 국가를 보호하며, 그 가정과 자기 도시를 보호하는 직책을 수행하기에 편의를 줄 것이며, 그외의 다른 청년단체명은 다 삭제해서 청년단으로 상당한 대우를 받게 하되 각 도지사의 감독 하에 조직과 규율을 복종하여 언제든지 방위대원이나 국군을 증가할 때에는 그중에서 먼저 택출하도록 할 것이니, 정부가 국도(國都)에 귀환 후에라도 기왕 조직과 규율을 따라서 국가치안과 민족생명을 보호할 책임을 충분히 가지고 군경의 후원이 되어 나라에 대한 충성을 다하게 될 것이다.

이상의 말하는 바 자원병과 징병모집의 양방으로 실시하되, 우선 경북(慶北)에서는 지사(知事)들의 지휘로 소집령을 완수하며, 계엄사령관이 협조해서 조금도 협사나 불공평한 일이 없이 일률로 시행하므로써 하로바삐 충분한 인원수를 채워서 적군을 토멸하기와 남북통일을 완수하기에 다대한 공헌이 되기를 바라는 바이다. 기왕부터 우리가 상비병과 예비병을 조성하기에 극히 노력해 보았으나, 국제관계로 여의치 못하다가 지금에 와서는 우리의 앞길은 다 순리적으로 열려서 다대한 군기를 얻어 국군이 원만히 성립될 희망을 가지게 되었으니, 열렬한 청년들은 이 기회를 잃지 말고 우리의 용감과 당당한 결심을 표명하여 영예로운 지위로 용감매진해야 될 일이다.

(『대통령이승만박사담화집』, 공보처, 1953)

신세계에 살 가치있는 사람을 만들자

1950. 09. 06

관민합력으로 부산시의 대청결을 착수한 지 며츨 안 되는 동안에 성적이 벌서 크게 표시되어서 타처 사람들은 칭찬하고 본토 사람들은 즐거워하니 개량전진의 사업은 무엇이던지 착수하는 것이 곳 성공이다. 완고한 구습으로 아모러케나 살면 그만이라는 백성은 점점 퇴보되여 지금 세상에 문명발전하는 백성들과 갓흔 대우나 갓흔 복리를 누리지 못하고 하등 노예 자리에 떨어지고마는 법이니 이런 관계로 이전 풍속과 제도를 ——히 개량해서 점점 낫게 만들어가는 까닭에 남의 나라에서는 이년이나 삼년 전 물건이 고물이되야 쓸데없이 되는 것이 만흐니 이러케 함으로서 인생이 편리하고 사회가 진전되여서 그 사람들의 사는 데는 곳 천국으로 알게 되나니 이대에 한인들이 이것을 철저히 깨닷고 용맹스러히 나서서 우리가 결단코 신세게 신생활을 함으로서 세상 사람들이 놀랠만한 개량을 해서 단촉한 시간 내에 성공하도록 결심해야만 지나간 사십 년 동안 일허버린 세월을 회복할 것이다. 생활 정도의 개량이라는 것은 죽 먹던 사람이 밥 먹고 부자가 갑부되자는 것보다도 갓흔 재정과 갓흔 경우에서 남의 하는 모범을 따다가 ——히 곳처서 옛집이 신세게에 적당하고 오랜 나라이 신진국가들과 갓게 만들어서 옛나라 문화를 새 제도로 개량해 나가며 우리의 고대문명의 특색을 발휘하게 되면 우리는 동서양에 특수한 위치를 차지하게 될 것이다.

이상에 말한 바 정신만을 사람마다 흡수해서 이것을 표준삼고 날로 곳처나가며 남하는 것을 보아다가 모범하여가면 우리의 단결된 민심으로 얼마 안에 신생활을 만들게 될 것이오 이러케 함으로서 위선 모든 질병이 업서지고 음식과 의복 등절에 경제가 되며 부유하게 살 수 잇슬 것이니 사람마다 남의 하는 신식을 따라서 날로 일신우일신하기를 극히 노력하여야 할 것이다. 이와 갓치하기 위해서 천백 가지를 ——히 다 제의할 수 업고 제일 긴급한 것은 인분이 눈과 코에 찔리지 안을만치 만들어노코 발에 밟히지 안케 해야 사람 사는 곳이오 또 음식과 가정에서 못된 냄새가 나서 이웃집에서 견델 수 업시 한다는 것은 법으로 금해야 할 것이오 몸이나 침구나 밥에 물것이 잇다는 것은 참으로 세게에 머리를 들고 나설 수 업는 수욕이니 이것을 먼저 업새노코야 살 수 잇다는 것을 알아야 할 것이다.

우리가 신국가 건설절차를 시작할 적에 하수도를 마련하고 도시에 비료 만드는 공장을 크게 세워 인분과 잡물이 기계창으로 들어가서 비료가 되게 만드는 법을 모범해서 쓸것이오 도로는 세멘트와 기름과 타—로 만들어 몬지가 나지 안케 할 것이고 대소변소를 도처에 지어 하수도를 씨처서 기계창으로 들어가게 만들 계획이다. 이에대해서도 얼마간 설게되여 금후로 이를 다 ——히 시작할 터인데 이런 것을 시작해서 신생활의 세계를 만들라면 건물과 가옥만 잘 만든다고 되는 것이 아니오 그집에서 살 사람들을 먼저 개량해서 신식 가옥과 도시를 청결히 간수할 사람을 먼저 만들어 가저야 되는 법이니 위선 누구던지 서로 가르처서 신생활을 반전시켜야 하며 신세게에 맛당히 살만한 까치 잇는 사람을 만들어 노아야 될 것임으로 관민들이 일심으로 일만하면 얼마만에 다 성공될 것이다. 그럼으로 우리 삼천(三千)만이 이에 다 합심 용진하기로 결심하고 나아가자.

국연군을 적극 도와서 무너진 길을 고치자

1950. 09. 17

이번 우리 전란에 연합군이 생명을 희생하여 군수품 물자를 가져다가 도와주는 이때에 우리가 이것이 아니었드면 우리의 생명과 국가의 생명이 어찌되었을 것을 잘 알고 있는 사람으로서는 대소관민을 막론하고 누구나 자기의 직책을 다해야만 자기가 정당한 주인노릇을 할 것이요, 연합군이 또한 정당한 손님노릇을 하게 될 것이매, 우리 전 민족은 이에 절대 궐기해서 우리 직책을 다 하는 것이 보여야만 우리의 우방들이 우리를 도와줄 생각이 더욱 두터워져서 물질적으로나 정신적으로나 극력 원조할려고 할 것이다.

그러므로 무슨 일에던지 생각을 깊이 하는 사람들은 이때에 다 나서서 연합군을 도울 수 있는 일은 무엇이던지 힘껏 해야만 될 것인데, 미군으로서는 우선 서울에 올라감에 파괴된 교량을 먼저 고쳐

놓아야만 대군이 행진할 것이므로 미국에서 철물까지 준비해 가지고 와서 우리가 올라가는대로 다리부터 먼저 놓을 것이다.

이 도로는 우리가 닦고 교량도 우리가 놓아야 할 것인데, 우리의 물자를 가지고 진행하려면 많은 시일을 요할 것이므로 물자는 미군이 가져올지라도 할 수 있는 일은 우리가 자진해서 속한 시일 내에 완성할 것이며, 파상될 위험성이 있는 곳은 정부 당국들과 근처 도시 촌락 인민들이 동일한 책임이 있으니, 예산이 없느니 물자가 없느니 하는 등 이야기는 다 정지하고 각각 기쁜 마음으로 나서서 무너진 길을 상당히 고쳐노아야 서로 다 살 수 있고, 기외에 파괴된 민가까지라도 미군들이 고치기로 하고 건축하려는 계획도 있으니, 이것은 민중들이 기쁜 마음과 정성을 다해야만 우방 사람들이 역시 정성스러운 마음으로 즐거히 고쳐주고 건축해서 우리를 살 수 있게 만들어 줄 것이니, 한인들을 살리기 위해서 목숨을 바치고 온 사람들인데 한인들은 저의 할일을 아니하고 군인들은 저의 직책이 아닌 일을 하고 있는 것을 옆에서 보고, 이 백성들을 도와줄 생각이 날 이치가 없을 뿐만 아니라 물자까지라도 도로 실고 갈 생각이 없지 않을 것이다.

그러므로 일 없는 남녀들이 할 일 없다고 놀고 있는 사람은 밥을 먹지 말아야 할 것이요, 밥을 먹고서도 할 일 없으면 뒷 방에 가쳐있을지언정 길에 나와 일 없이 담뱃대나 물고 빈정대는 자는 없어야 할 것이니, 누구나 이러한 사람은 뺨이라도 때려서 들여보내야 할 것이다.

금후로는 일 없이 길까에 나서서 노는 사람들은 경관들이 붓잡아다가 땅을 파고 길 구멍을 메꾸고 흙과 모래를 실어다가 물 고인데 막으며 도로가 파상된 곳을 고쳐야 될 것이다.

　그렇지 않는 사람은 사람으로서 제 직책을 다하지 못하고 살려고 하는 사람은 개명한 시대에 그 존재를 허락할 수 없을 것이다.

(『대통령이승만박사담화집』, 공보처, 1953)

국군장병의 분투와 성공을 기원

1950. 09. 18

맥아더 장군의 고명한 지도 하에 연합군과 우리 국군이 공산군 후방 칠백리나 되는 인천(仁川)에 상륙하여 공산군은 드디어 함몰의 지경에 빠져 적색제국주의(赤色帝國主義)의 괴뢰군이 전복될 날이 당도하였다. 그동안 우리 국군은 만난(萬難)을 무릅쓰고 많은 역경을 극복하면서 세계민주우방의 연합군과 어깨를 겨누고 결사투쟁하므로서 우리 조국을 잔인무도한 적군의 지배 하에 들어가지 않게 하였으니, 이로 말미아마 세계 모든 언론과 보도가 우리를 한없이 칭송하기에 이른 것이다.

우리 국군이 이와 같이 한 것은 우리나라를 보호하기 위해서 국민의 직책을 영광스러히 수행한 것이나, 우리가 극히 기념할 것은 우리의 우방군인들이 우리와 같이 모든 곤란을 당하면서 우리나라를 보호하고자 싸우는 것인 바, 그들의 신앙은 우리나라를 위하여 싸우고 우리나라를 보호하고자 싸우는 것인 바, 그들의 신앙은 우리

나라를 위하여 싸우고 우리나라를 보호하므로서 각각 자기 나라를
보호하는 직책을 완수함에 있는 것이다. 이제 우리의 성공은 멀지
않은 곳에 있다. 정부와 국민은 국군의 영광스러운 공적과 커다란
담량과 빛나는 정의를 믿으므로써 오늘 이와 같이 성공한 것이니, 이
는 우리나라가 존재하는 날까지 영구히 민족의 간장(肝臟)에 색여야
할 것이다. 우리 국군이 연합군 동지들과 합력해서 적을 분쇄하고
그 결과로 국가의 자유와 독립과 존영(存榮)을 위하여 성공이 이만큼
되었으니, 국군장병은 더욱 분투해서 앞으로 더 큰 성공이 있기를
기다리며 부탁하는 바이다.

하느님이 우리 국군을 낱낱이 보호하며 도와주기를 축복한다.

(『대통령이승만박사담화집』, 공보처, 1953)

조국은 절대 통일,
국민의 신생활운동(新生活運動) 긴요

1950. 09. 20

인천상륙년 경축대월 회석상에서 강조일 거진 석달 되는 동안 우리들은 집과 재산을 빼끼고 이남강토(以南疆土)나마도 거진 다 빼껴서 대통령이나 각원들의 고생도 고생이려니와, 많은 전재민들이 풍찬노숙(風餐露宿)으로 살 수 없는 정경으로 지금까지 지내는 중 우리 국군이 열렬하게 싸워서 ○만(萬)에 가까운 생명을 희생하였다. 그러는 중 세계 민주우방 연합군이 들어와서 여러 근(近) 천명의 희생과 부상병을 내고, 현재 연합군의 군사, 군물이 계속 들어오고 있는 중, 오늘 우리에게 기쁜 소식이 들어오게 되었으니 우리 국군과 연합군이 많은 희생을 내지 않고 인천(仁川)에 상륙하여 바야흐로 서울에 도달하게 되고 있다는 것이다. 그러므로 우리 모든 민중들은 이날을 기쁜 날로 경축하지 않을 수 없는 바이다. 그러나 언제든지 우리는 이날이 있을 것을 의심하거나 낙망(落望)한 일은 없었든 것이다. 다만 잠시 동안 적에게 혼란 당한 것은 우리가 전쟁을 준비하지도 못했고, 또 세계 대세로 말미아마 준비하려고 하면서도 준비하지 못하고 있다가 미리 준비한 적군들이 들어와 어찌할 수 없이 이러한 국난을 당하였으나, 시간을 얻어 연합군과 군물이 들어올 때까지 지켜오면서 밀고 올라가지 못하던 것을 항상 민망하게 생각하여 온 것이다. 그러나 지금은 군기군물이 상당히 들어와서 우리 의도 대로 밀고 올라가는 중이며, 조곰도 퇴보 없이 전진하고 있으므로 적군이 불원간 다 전멸될 것이요, 우리가 하로라도 빨리 적을 물리치고 이북까지 올라가므로서 다 통일해서 우리 강토 안에 적병은 하나도 없이 만들고, 국군을 더욱 상당히 조직하여 국방을 튼튼히 한 뒤에는 연합군은 물러갈 것이요, 따라서 우리 한국이 동양에 있어서 우수한 지대를 차지하게 될 것이다.

지금 세계 각국 사람들이 38선에 대해서 여러 가지로 말하고 있으나, 이것은 다수포로 돌아갈 것이니, 본래 우리 정책은 남북통일하는 데 한정될 것이요, 또 '트루만' 대통령도 선언하기를 군사상 원조와 경제상 원조를 계속한다 하였으니, 우리 한국이 동양에 있어 큰 나라가 된다는 것은 우리가 주장하는 바이요, 동시에 연합 군이 작정한 바이다. 지금은 대세가 기우러져서 소련 공산군들이 세계에 애소(哀訴)하여 평화적 해결을 하고져 한다. 이것은 다 쓸데없는 말이다. 우리 전쟁은 이북에서 침략하므로 우리가 싸운 것이요, 이북 공산도배들이 이남에 들어와서 상인, 방화할 때에는 이것을 내란 이라고도 할 수 있으나, 소련이 군기군물을 주어서 침략군들을 들어오게 하였으니, 이때부터는 내란이 변하여 한국과 '아라사'와 싸우는 전쟁이 되었다. 소련이 한국 내란에 참여하여 민주정부를 침략한 것은 민주세계를 토벌하려는 것이므로 연합군이 들어와서 공산군을 물리치며 우리와 협의하여 싸우는 것이다. 그러므로 우리가 지금 38선에 가서 정지할 리도 없고, 또 정지할 수도 없는 것이니, 지금부터는 이북 공산도배를 다 소탕하고 38선을 두만강(豆滿江), 압록강(鴨綠江)까지 밀고 가서 철의 장막을 쳐부실 것이니, 그런 뒤에는 우리를 침손(侵損)할 자가 없을 것이다.

민국정부가 수립하기 이전에는 각국에서 우리나라에 대하여 이러니저러니 말하고 모스코바 삼상회의(三相會議)까지 있었으나, 우리가 이것을 부정하기로 선언한 것이며, 정부수립 이후에는 강토의 대소를 막론하고 독립자유권을 가지고 있으니 누구나 우리 국권에 대해서 간섭하지 못할 것이요, 또 간섭을 받지도 않을 것이다. 왜냐하면 지금부터는 세계 50여 개국이 우리나라를 인정하고, 또 연합국 멤버는 우리 자유권을 침해하지 않을 것이며, 또 우리로서도 국제공법(國際公法) 범위 내에서 모든 일을 진행해 날갈 것이다. 그러므로 우리 전쟁은 우리가 상전이요, 적군들이 패망한 뒤에는 잔유분자(殘有分子)들을 각 지방에서 경찰과 국민과 합해서 방방곡곡에서 수사하여 지하공작이나 살인, 방화 등의 폐단을 다 없이 할 것이다. 이것이 관리들뿐만 아니라 시민들의 책임이요, 이 책임을 다하기 위해서 계속하여 싸워야 할 것이니, 이 기회에 특히 여러 동포에게 일러주고저 하는 것은 오늘부터 우리가 신세계에 신국가를 만들어 대한 삼천만 국민이 다 같이 신생활을 할 결심을 하여야할 것이다. 그 결심으로 가는 곳마다 만나는 사람마다 서로 일러주어 신세계에 신생활을 하여야 우리 한인들이 어디가든지 상당한 대우를 받을 것이니, 우선 우리 집안부터 깨끗이 하고 도시를 청소케 해서 새 백성이 될 것을 깊이 각오해야 할 것이다. 이 말을 절실히 듣고 가슴 깊이 기념해서 준수해야만 할 것이다.

이번 전쟁에 공산당이 들어와서 우리를 토벌하고 우리나라를 소련에 팔아먹고 곡식과 식량을 소련에 다 보내고 썩어진 쌀이라도 있으면, 겨우 얻어먹게 될 것이다. 우리 한인들이 공산당이 들어오거나 일본이 들어오거나 소련이 들어오거나 환영하면 살 텐데, 싸움에 목숨을 바치는 것은 무슨 까닭인가, 중국은 공산화하는데 한인들은 웨 그렇게 하지 않는가, 몇 천 명식 죽으며 도로에서 비를 맞으며 병으로 고통을 받으며 공산군과 싸우는 것은 무슨 의미인가, 지나간 40년 동안 왜정(倭政) 밑에서 독립 없이는 살수 없다는 각오가 생겨서 차라리 싸우다가 죽자는 것이 아닌가, 그러므로 우리 국민 중에는 공산군을 환영하는 사람도 없고, 어린애까지도 싸울려고 하는 것이다.

세상 사람들이 말하기를 우리 한인들은 한덩어리가 되어 민주정부를 보호하며, 공산군과 용감하게 싸우고 있으므로 한인들은 히한한 백성이라고 해서 세상 사람들이 다 도와주어야 되겠다는 것이다. 그래서 군기군물과 옷과 자동차 등 모든 것을 가져다가 싸우며 도로를 수리하며 집까지라도 지어줄려고 한다. 우리 힘으로 주복하는 것을 다하여 줄려고 하는 것은 그러한 연고이다. 그런데 그들이 한 가지 묻고저 하는 것은 자기들이 태평한 나라를 내놓고 몇 천 명식 목숨을 내놓고 부상을 당하며 싸우고 있는데, 그 싸움이 한인들에게 무슨 가치가 있는 가라는 것이다. 다시 말하면 이렇게 생명을 바치고 싸운 가치가 세계도 잘 살고, 자기들도 잘 살수 있을가 하는 것이다. 싸움을 싸우기 위해서 탱크와 투럭과 전차를 가지고 가는데, 길이 무너져서 군기군물을 실어갈 수 없어 자기들이 삽과 고괭이를 가지고 땅을 파고, 길을 만들고 있는데, 한인들은 무엇을 하고 있는가, 장정들은 그옆에 돌아서서 보고만 있다. 연합군들이 목숨을 바치고 군기군물을 져다가 싸우고 있는데, 한인들이 할 일은 땅을 파고 길을 만들어야 할 것이 아닌가, 우리가 그 사람이 된다면 감상이 어떠할까, 자기 할 일은 다른 사람이 하는 것을 멀거어니 보고 있으면서 무엇이던지 달라고만 하니 우리를 위해서 죽기도 하고, 또 노동도 하라고 하니, 그들 생각에 왜 우리가 여기서 싸우고 있는가 할 것이 아닌가. 그 결과로는 그들이 자기 나라에 가도 그렇고 여기서도 말하기를 한인들은 할 수 없는 사람이다. 이렇게 할 수 없는 사람들을 도와주는 것보다 다 그만두고 군기군물을 다 가져다가 가치 있는 사람에게 주어야 하겠다고 할 것이다.

우리가 몽매해서 할 일도 안하고, 집도 깨끗이 못하고, 개명(開明)한 사람의 생활을 생각지도 못하고, 길에 쇠똥개똥이 널려있는데도 장정들은 담뱃대나 물고 구경이나 하고 손 하나 깟닭하지 않고 있으면, 이것은 도와주어도 할 수 없는 사람이니 나부터라도 다 가지고 가라고 할 것이다.

부산(釜山)을 어떻게 만들어야 할 것을 생각해보라, 부산은 한국의 간판이다. 이 간판이 칠전팔락(七轉八落)하게 되어 나무때기 집오래기가 걸쳐있고, 냄새가 나는대도 장정들은 멀거니 서서 구경만 하고 있으면, 실로 우리들은 가치 없는 사람이요, 복을 못 받을 사람이 될 것이다. 그러므로 우리가 신세계, 신생활에 경성(警醒)해서 구습과 구태를 다 버리고 새로운 백성이 되어 가치 있는 사람이 되어야만 상당한 대우를 받을 것이요, 또 우리 생활 정도를 개선해야만 복을 주라고 영광을 들 것이다. 우리가 지금 올라가면서부터라도 우리 민국을 신세계를 만들도록 청결하고 냄새가 나지 못하도록 해야 할 것이니, 이런 것을 못하는 사람은 멀리 어느 섬에 가서 야만노릇을 해야 할 것이다. 그렇지 않고는 나도 살 수 없고, 옆집 사람도 살 수 없을 것이다. 우리는 하로바삐 냄새나는 것을 다 막고, 도시도 청결히 해서 남이 와서 보고 사람마다 다 깨끗하게 산다는 것을 이야기하도록 만들어야 할 것이다.

더욱 주의할 것은 나무를 베이고 말아야 할 것이다. 요전 농림장관(農林長官)이 말하기를 나무를 좀 베이지 않으면 얼어서 죽는다고 하기에 게을러서 얼어 죽을 사람은 죽으라고 했다. 저쪽을 바라보면 나무도 없고 혹도 파내서 종기처럼 되었으니, 이것을 어찌 화려한 금수강산이라 할 것인가, 산을 파내고 나무를 비여내고 깍가내고 찍어낼 뿐만 아니라, 사람 사는 데는 개똥 냄새뿐이다. 외국인들이 송도(松島)를 보고 송도는 잘 만들었으나 한인들이 이것을 더럽게 했다고 하니, 그 결과는 한인들은 금수강산에 살 자격도 없고, 살려고도 아니하고, 개똥밭을 만들어 놓고 있다고 할 것이다. 그러니 야만 대우를 받게 될 것이요, 타국인들이 들어와서 잘 살게 해야 할 것이다. 일본 사람들이 통치할 때에는 그들이 우리를 미개하고 퇴보시켜서 우리가 우리 일을 할 줄도 모르고 알고도 하지 못하였으므로 그들이 선전하기를 자기들이 들어와야 우리가 잘 살게 될 것이라고 하면서 우리나라에 침입한 것이다. 그래서 자기들이 오래 살줄로 알고 경치 좋은 곳을 만들어 똥냄새 나지 않는 곳에 살고, 한인들은 똥냄새와 똥통 속에서 살게 하였다. 우리가 이러한 생활을 40년 동안 하였는데, 여러분들이 고개를 돌리고 앞을 보아야 할 것이다.

나라는 산 사람만을 위해서가 아니고, 목숨을 내놓고 싸우는 것은 뒤에 오는 사람이 잘 살고 영광스럽게 하자는 것이다. 뒤에 오는 사람이 잘 살고 영광스럽게 지내던 우리가 사는 곳을 청결하게 해서 어제보다 오늘 더 낮게 해야 할 것이요, 삼천리강토가 화려하게 되어야 할 것이니, 우리가 통일을 경축하는 의미가 여기 있는 것이다.

이번 전쟁에 미군은 우리에게 갖다 주는 사람이고, 또 싸우고 도와주는 사람이니, 우리가 이 때문에 소련과 싸우며 반대하고, 미국을 환영하는 것이다. 미군이 들어오지 않으면 대구와 부산도 이미 적색(赤色)이 되었을 것이요, 여기 모인 모든 동포들까지도 살육을 당하게 되었을 것이다. 다행이 세계 대군이 와서 우리를 도와야 되겠다는 공론이 일어나서 우리나라에 세계사에 없는 일이 처음 있게 되었으니, 우리가 자진하여 우리 직책을 다해야만 될 것이다. 그래야만 우리도 살고, 뒤에 오는 사람도 잘 살게 될 것이다. 신세계, 신생활을 하는 사람만이 가치 있는 사람이요, 세계 각국 사람들이 이러한 사람들을 더 도와줄 것이니, 그것은 우리가 얼마나 가치 있는 생활을 하는가 함에 달린 것이다. 남녀노소를 물론하고 모든 동포들은 이에 각성하여, 각각 직책을 다해야 할 것이 니, 부산이 아니라 지금부터는 우리가 올라가는 대로 신세계, 신생활을 경영할 결심을 가지고 각성해야 할 것이다.

(『대통령이승만박사담화집』, 공보처, 1953)

민국부흥의 천재호기 동포여!
일대 궐기하라!

1950. 09. 22

사람마다 자중하는 생각이 있어서 남이 경솔히 대접하는 것을 분개히 여길 줄 아는 고로 남들이 수모하는 말이나 행동이 있을 때에는 분개를 참지 못하는 인성이 있으니, 이것이 없는 사람은 상당한 대우를 받지 못하는 법이다.

부산 시민들에는 누구나 자중하는 인성이 풍부해서 남들이 자기의 가정이나 도시에 대해서 무리한 비평이 있을 적에는 자연히 촉감되어 공분심을 가질 줄 알 것이니, 이 인성을 충분히 발전시킬수록 빈생활에 대한 개진발전이 속히 될 것이다. 이러한 공분심이 생길 적에 혹은 자기를 비평하는 사람에 대해서 욕을 하거나 악감을 가지고 그런 일을 안 하기로 하고, 또 혹은 그 비평의 이유를 생각하므로써 자기가 그러한 비평을 들을만치 된 근원을 생각해서 다시는 이렇게 비평할 이유가 없도록 도모해야 할 것이니, 이와 같이 할 줄 알아야 남의 비평이 스사로 없어지고 도리어 칭찬과 자랑이 생길 거이다.

내가 귀국한 이후로 많은 사람들이 아모렇게나 살아서 남의 수모를 받거나 존경을 받거나 다 막론하고 개량하자는 생각이 대단히 빈약해서 전진 발전할 희망이 많이 보이지 않는 것을 보고 여러 가지 방면으로 일러주고 근면한 결과, 많은 사람들은 이를 각오하고 개인적으로나 단체적으로나 신식 신사상으로 발전을 도모하는 중, 어떤 사람들은 타락된 정도를 개량할 의사가 없어서 어찌 할 수 없는 상태에 이른 것을 볼 적에 좋은 말로 근면하는 것만 가지고는 아무 효과가 없을 것을 각오하게 되므로 그럴 때에는 다소 촉감될 말과 행동으로 그 사람들을 분개시켜서 각오되도록 도모하는 것이니, 이 방법이 다소라도 효과가 있기는 바라는 바이다.

내가 지금까지는 물것이라 못된 비료라 하는 등 공개로 지명해서 설명하기를 주저하고 종용히 개인개인에게 일러주어서 전국에 이러한 의도가 전파되기를 희망하여 보았으나 특별한 효과가 보이지 않는 것을 많이 고려하여 왔던 바, 이와 같이 된다면 많은 세월을 가지고 교육과 계몽 방면으로 1, 2세대 혹은 2, 3세대를 지나서 개량시킬 수는 있겠으나, 일본과 같이 혁신한 후 단촉한 시일 내에 새 세계를 만들었다는 창송을 듣기 어렵고 또 무리할 것이므로 심히 낙망되는 우려를 가지게 되는 바이다.

이번 전란이 생긴 이후로 외국 군인들이 들어오며 세계 신문잡지상으로 우리를 동정하는 나라들이 우리를 칭찬하며 자랑될 소식을 전폭적으로 게재해서 이것이 널리 전파될 적에 그중에 이 벼룩 빈대와 인분 냄새로 말미아마 참아 보고 듣기 어려운 보도가 종종 발표되는 것을 볼 때마다 부끄럽고 분한 생각을 금할 수가 없어서 우리 동포들이 이것을 다 알아야 되겠다는 것을 깊이 각오하고 그때부터는 숨길 말 없이 전 민족에게 공개로 이를 다 알려주어서 남이 우리를 흉보는 것도 알려주고, 또 흉보게 되는 책임이 우리에게 있는 것을 알려주어 전 민족에게 공분과 공심이 생겨서 지금부터는 이러한 욕스런 것을 촉감을 주기로 결심할 것이니, 동포들은 내 말을 듣고 분노한다 하므로 내게 대한 악감을 가질지라도 이것을 달게 받고 오직 우리 정도를 개량하므로서 남의 칭송을 받으려는 것이 나의 결심이요, 이 결심을 전국적으로 실천해서 순리로 각오 못하는 사람들이 촉감을 받아서 분개한 마음으로 경성되기를 바라는 바이다.

이렇게 해서도 각오 못하는 사람들은 과연 20세기에 앉아서 모든 우방들이 이와 같이 군사상 경제상 물질상 한없는 원조를 받으면서 그것을 받을 상당한 자격이 없는 사람으로 판단하지 않을 수 없을 것이다. 나의 최고의 희망은 불원간 통일 완수된 후부터는 전국 동포들은 관민합심으로 우리나라를 일제히 쇄신해서 신세계에 합당한 신국가 신생활을 경영하도록 해서 세계 사람들이 우리를 새 백성으로 알고 우리 자격에 적당한 최고 대우를 하게 되도록 힘쓰기를 바라는 바이니, 남녀노소를 막론하고 누구던지 이 신세계에 생겨나서 신세계에 적합한 생활을 하자는 결심으로 모든 것을 개량해서 남의 하는 것을 보고 배워다가 그것을 모범하여야 할 것이니, 이것은 많은 재정과 물자를 요구하거나, 또는 특별한 기술을 요구해서 풍부한 나라에서 화려하고 굉장한 건물이나 기구를 취하느니보다 각각 자기에게 있는 것을 가지고 날마다 새로 고쳐서 이용후생에 맞도록 쇄신 도모하라는 것이니, 도시와 촌락을 물론하고 몬지와 진흙과 더러운 물건이나 냄새가 이목에 찔리지 않고, 또 의복과 가정에 물것이 없도록 해서 자기의 집에서 나는 추태와 악취가 이웃 사람을 살기 어렵게 말들거나 자기 집안 침구와 의복에 있는 물것이 남에게 가서 악한 괴질이 전칠되어 인명을 상해하며, 공기와 식수에 미균과 독충이 생기지 못하도록 만들어서 나도 편의하고 남도 편의하도록 해야 할 것이다.

우리가 비록 몸둘 곳이 없어서 임시로 우막을 짓더라도 도시나 대로변을 피해서 과히 창피치 않도록 하되, 이는 임시 편의로 하는 것뿐이요, 국가에서 세멘트 공장을 충분히 세워서 세멘과 기타 벽돌 타르 등을 생산하여 신식으로 가옥을 지어 혹은 민간의 사유로 할 수도 있고, 혹은 세(貰)로 얻을 수도 있을 것이매, 지금 각처에 주저리 같이 세운 집들은 다 헐어버리고 화려한 경치를 만들어 아름답고 깨끗한 강산을 만들어야 할 것이며, 이외도 백가지 천가지로 개량 개선할 계획을 여기에 일일히 다 말할 수 없으나, 이러한 것을 다 우리의 힘으로만 하려고 한다면 여러 10년을 두고 전 국민이 노력하여도 저으기 어려운 것인데, 다행히 우리 우방들이 우리를 도와서 많은 재정과 물자를 가져다가 파상된 교량과 도시는 적당한 한도 내에서 개량하며, 우리가 전쟁에 손해 받은 것을 몇 갑절 회복시켜 주려는 것인 바, 지금 미국에서 들어온 군수군물은 물론하고 모든 기계와 물자가 태산같이 쌓이고, 또 날마다 들어와서 우리의 몽상밖에 이르게 된 중이니, 이 시기를 이용해서 사람마다 힘을 다하여 가는 곳마다 청결쇄신하려는 정성과 결심을 표시하고 실천하게 되면, 그때에는 모든 우방들이 우리의 전진 발달하는 노력과 기능을 보고 더욱 더욱 도와줄려고 할 것이요, 만일 그렇지 못해서 우리가 못하고 나태한 태도를 보여서 타락된 백성의 행동을 보이게 되면, 우리는 천재의 좋은 기회를 잃어버릴 뿐만 아니라 가치 없는 백성이 되어 좋은 물자를 주어도 소용없다는 공론이 세상에 생기게 될 것이니, 이렇게 되면 천고에 없는 이 기회는 완전히 잃어버릴 염려가 없지 않을 것이다.

그러므로 우리 삼천만의 총명하고 영광스러운 동포들은 일대 궐기해서 삼천리금수강산을 금상첨화하게 만들기를 결심하고 전진하기를 바라는 바이다.

(『대통령이승만박사담화집』, 공보처, 1953)

기자와의 문답

1950. 09. 23

일. 서울 탈환과 수도입성에 대한 소감

여기까지 피난해 왔으나 자초부터 영구히 빼앗긴다는 생각은 없는 것이요, 최후의 승리는 민주진영에 있었던 것이다. 다만 처음에는 군기가 부족해서 준비하려고 애썼으나, 세계 대세에 끌려서 그대로 되지 못한 것인데, 그동안에 동포들이 당하고 있는 환란은 잠시라도 잊을 수 없고 더욱 풍찬노숙하는 정형은 말할 수 없어, 하로바삐 서울을 탈환하고 정부가 들어가는 동시에 전재민들이 집으로 돌아가도록 하고저 했던 것이니 만치 나로도 대단히 기쁘다.

이. 이북진격과 38선 문제에 대하여

4일 전에 외국 기자에게도 말한 것인데, 원래 38선이라는 것은 없는 것이니 무슨 표적이 있으면 보고자 하는 것이다. 그러므로 우리로는 처음부터 인증하지 않은 것이요, 이때까지 참아온 것은 국제관계로 참아온 것인데, 이번에 공산군들이 이 선을 헤치고 들어와 저이가 없애버렸으니, 이것을 우리가 또다시 둘려고 하지 않는다. 지금부터는 반도 남북 내의 일은 국내 내정에 관계되니 누가 38선 이야기 할 사람도 없고, 해도 소용없을 것이다. 우리 전쟁은 난(亂)이라고 하는데, 이북서 38선을 넘어와 살인 방화하면 내란이겠으나 소련이 침범하게 한 후에는 내란이 변하여 전쟁이 되고 보니 UN에서 민주진영을 보호하기 위해서 소련에 항거한 것이다. 이 전쟁은 소련에서 이남을 쳐서 이남을 공산화하려고 한 것이니, UN에서 이것을 물리친 뒤에는 우리가 독립국의 권리로서 이북에 총선거를 할 것이다. UN으로서는 자기들이 승인한 국가이므로 방해할 리도 없고, 우리가 방해를 받을 리도 없을 것이다.

삼. 전재민 구제에 대하여

전재민은 이남뿐 아니라 이북에도 있을 터인데, 우리가 한 두 사람씩이라도 구제할 것이다.

미국사람들이 세계대전 때에 구주(歐洲) 각국에서 한 일을 여기서도 할 것인 바, 얼마 전에 인천에서 시민들이 서울에 쌀 3백 석과 잡곡 3백 석을 올려가려고 하매, 미군에서 그냥 두라고 한 것을 보면 그들이 다 도울려고 하는 것 같다. 그럴수록 우리가 서로 도와야 남들이 우리를 도와줄 것이요, 남들이 도울 적에는 우리에게 도움을 받을 가치가 있어야 한다. 동포들이 아무리 어려울지라도 서로 도와야만 밖에서 더 많은 도움이 들어오게 되는 것이다. 지금 우리에게 제일 어려운 것이 식량인데, 정부에서 다소 준비한 것이 있고 추수기에 들어서는 수집해서 할 수 있으니 배급할 것이고, 한편으로 연합국에서 식량 도움이 올 것이며, 또 가장 큰 문제는 거처 문제이므로 ECA에 목재를 다량으로 요청해서 가옥을 건축해야 할 것이다.

그래서 초옥집을 없애고 기와집을 지을려는 것이 나의 정책인 바, 세멘트공장을 지어 대대적 건축사업을 삭수해야 할 것이다. 여기에는 특히 건축가들이 식구에 따라 여러 가지로 설계도면을 만들되 집을 아무데나 짓는 것은 금할 것이다.

사. 공산군 침입지역 동포 포섭문제에 대하여

정부에서 그것도 생각하는데 오도가도 못하고 살기 위해서 한 것은 공산당으로 보는 것은 아니다.

세계에서 자랑하고 남들이 칭송하는 것은 우리가 중국 모양으로 공산당이 들어오면 기를 흔들고 환영하는 것이 없다는 것이다. 한인들은 망해서 나가면 나갔지 그런 일은 없으니, 이것은 역사상 자랑이 될 것이다. 이전에 박쥐 노름한 사람이 있어서 날 적에는 새 노름하고 길 적에는 길짐승 노름을 하여 국사에 곤란된 일이 있었는데, 지금도 박쥐 노름하는지도 모르나, 이것은 민간이 잘 알 것이요, 또 우리가 집과 재산을 다 내버리고 나온 뒤에 박쥐 노름한다면 이는 민간에서 잘 알아야 할 것이며 공산당을 거근(去根)될만치 만들어야 될 것이다.

오. 태평양동맹 촉진에 대하여

호주(濠洲) 수상이 우리를 심방하려다가 우리가 모든 것이 정돈되지 못했고, 또 위험하므로 맥 장군이 허가치 않아 오지 못했는데, 호주에서 태평양동맹을 전적으로 주장하여 우리를 통해 왔고 대서 양동맹은 소련의 장차 침범할 것을 각오로 한 것이며, 미국에서 여기에 대한 것을 대주는데, 또 태평양동맹을 하면 곤란하므로 미국이 침묵을 지켜온 것뿐으로 찬성 아니한 것은 아니다. 앞문을 단단히 닫고 뒷문을 열어놓으면 곤란할 것이 아닌가.

그러나 지금 형세로 중국과 인도네시아가 공산당의 위험을 모르고 소련과 합칠려고 하고 있고, 비율빈(比律賓)서는 어찌할 줄 모르고 지금 호주와 장(蔣) 총통뿐인데 국부(國府)는 대만에 있으니 다소간 어렵고, 호주와 한국만으로는 좀 곤란하다. 그러므로 UN에서는 한국문제와 중국 문제를 섞지 않고 한국 문제만을 갈라서 해결하고저 하고 있다.

(『대통령이승만박사담화집』, 공보처, 1953)

전란 동포들에게

1950. 09. 26

이번 전란에 군경과 청년과 민간남녀지도자들이 국가를 위하야 만흔 공헌을 하엿고 또 순국한 열열한 의사의녀(義女)들과 그밧게 민간에서 무고한 학살과 피해를 당한 모든 동포의 참상은 실로 뼈가 저리고 피가 끌른 바임니다. 그러나 독립과 자유는 보배로운 것임으로 이것을 장구히 복스럽게 발전시킬랴면 우리가 먼저 이 귀중한 갑을 갑허야 될 터인데 우리의 순절한 모든 애국동포의 피가 이갑을 상당히 갑게 되엿스니 우리의 자손들이 그 공효를 천추만세에 누리며 기념하고 칭송할 것임니다. 다행히 살어잇서서 석달 동안 죽게 되엿다가 자명을 부지하고잇는 수백만 전재민의 형편은 우리가 다 형언할 수 업는 중이나 마침 추수 전에 적군을 격파하게되여 우리 손으로 식량을 준비하게 되엿고 따라서 세계 우방들이 재정과 식량과 일용필수품을 연조해서 지금 련속 들어오는 중이오 또 압흐로 계속하야 들어올 것이며 우리의 신생활과 신건설을 위해서는 미국 원조로 들어오는 기계와 기구와 기타 물자가 우리의 희망 이상으로 넘치게 됨으로 이제부터는 우리의 가정과 성시와 교량과 도로를 다 개량해서 새나라를 만들게될 것이니 이것을 밧는 우리로는 새 정신과 새 사상을 일시에 발휘해서 이 원조를 밧을만한 국민적 자격을 세상에 표명해야만 우방의 성심과 성력이 더욱 커서 한량업시 만흔 도움을 밧게된 것입니다.

지금부터는 우리가 다 신세게 신생활을 해야될 터인데 이러케 할랴면 사람마다 새 정신으로 각각 자기의 마음부터 개긋이 해가지고 새 살림을 해야만 이 목적을 완수할 것입니다. 그러나 우리의 건설과 건축은 하로이틀에 다 할 수 업는 처지요 더욱 겨울을 당해서 몸 둘 곳 업시 동사지경에 이른 동포를 살려서 겨울을 지내야만 될 터이니 우리 전 민족이 일심합력해서 먹을 것을 난호어 먹고 입을 것을 난호어 입으며 몸둘 곳을 난호어 설어야 이것이 우리 동포의 애족심이오 우리나라와 건설에 상당한 자격이 될 것임으로 정부 일반 공무원들과 각도 각군 관공리부터 일일(——)히 이 정신을 밧들어 집 업시 한데서 사는 사람이 하나라도 업서야 할 것이니 가옥의 대소를 막론하고 여유 잇는 것은 다 내노아서 의지간 업는 동포를 청하야 갓치 과동하도록 만들어야할 것입니다.

식량에 대해서는 배급으로 기사를 면할만치 정부에서 담임하고 UN의 도움으로 진행하는 터이니 거처에 대해서만은 모든 동포들이 일심으로 적극 협력해야만 해결될 것입니다. 이에 따라 내가 국민에게 부탁하고저 하는 바는 정부나 민간에 협잡이나 뇌물을 주고 밧거나 또는 원조물자를 도적질해서 불법하게 엇어 쓰는 사람들이 잇스면 그 물건의 대소를 막론하고 적발되는 대로 군법으로 다스려서 못된 풍기와 행습을 영영 막으려는 방침이니 누구던지 이 의도를 절실히 양해하고 일체로 범법을 피해서 후회가 업도록해야 할 것이며 혹 지위나 세력을 밋고 경솔한 생각으로 죄과에 빠지더라도 벌은 다갓치 엄중할 것이니 부듸 신중해서 일후에 남을 원망하거나 무익한 핑게를 찻는 불행한 일이 업도록 해야 할 것입니다.

그중에서도 내가 동포들에게 가장 경고하고저 하는 바는 포학무도한 공산도배의 잔혹한 살육행위를 누구나 통분히 역이지 안는 사람이 업슬 것이나 우리 국군과 경찰이 련합군과 합작해서 반도의 압뒤를 막어 빠저나갈 길 업시 포위하고 소탕하는 중이니 항복귀순하는자는 포섭치 안을 수 업스나 그중에서도 인면수심을 가지고 살육과 파괴를 꾀하는자는 비록 포로 중에 잇슬지라도 일일히 심사해서 법으로 판결하야 처단함으로서 민국의 후환을 업시할 것이오 전투로 항거하는자는 일일히 토벌해서 하나라도 남겨두지 안을 것이니 이것이 즉 천의요 인심일 것입니다. 그러나 **악을 악으로 갑는다는 것은 정의와 인도를 주장하는 우리로는 절대로 피해야될 것이며** 더욱 문명한 민족으로 문명세계 모든 우방의 도음을 엇어서 평화를 회복할려는 우리로서는 사사원념이나 공분으로 인연해서 법을 바리고 사사로히 살육이나 구타등 한도에 넘치는 행동으로 설분설

치하는 일이 일체로 업서야 우리가 더욱 우리의 문명 정도를 세계에 표명할 것입니다. 하물며 일구사구(一九四九)년 제네바 회의에 협정된 동맹국과 동의해서 서명한 나라로서 우리가 그 규정을 절대로 지켜야할 것이니 관민을 물론하고 누구던지 법에 넘치는 일은 절대로 말어야 될 것이오 그러한 행동으로 범법하는 자는 일일히 증치할 것이니 이에 대해서는 사람마다 깁히 주의해야할 것입니다.

(『대통령이승만박사담화집』, 공보처, 1953)

수도입성에 대하야

1950. 09. 29

이 기념될 오늘을 당하야 나의 감상과 모든 애국동포의 감상을 무슨 말로 형언할지 모릅니다. 대전과 대구에서는 압길이 캄캄하엿 스며 소식은 모도다 상심되는 소식뿐이오 모든 성공은 적군이 하고 잇서서 전세가 순환되기를 바라고 바랏스되 서울에 도라갈 날자가 갓가워 보이지 안을 뿐 아니라 적군을 제때에 정복함으로서 농민들 이 향촌에 도라가 추수를 거둘 수 잇게 될런지 이를 우려하며 초조 하게 시일을 보내던 감상을 이루다 말할 수 업는 것입니다. 다행히 천의(天意)가 감응되여 맥아더 장군의 명철한 지도 하에 련합군의 성 공으로 서울을 탈환하엿스며 아직도 혈전고투를 다 지냇다고는 하 기 어려우나 오늘 전세로 보아서는 아모리 우매한 공산주의자라 할 지라도 더 의심할 여지가 업게 되여 오직 적군 중 몇 명이나 죽기를 위하며 몇 명이나 항복하고 살기를 원하는가 하는 것뿐입니다.

나는 대한민국정부와 국민을 대표해서 모든 우방 련합군의 힘으로 오늘 우리가 개가를 부르고 도라오도록 성공을 이룬 모든 장병들과 병사들에게 열정적 감사를 이에 설명하고저하는 바임니다. 이 장병들이 어데서 싸웠으며 엇더한 공적을 이루엇던지 다 각각 자기 나라에 영광을 돌일 것이오 한족을 구원한 은공을 가지게 될 것이며 또한 유엔 국가의 만흔위신을 놉게한 것임니다.

제八군단은 제二十四사단과 제二十五사단과 제一기갑사단과 제一해병단과 제五전투련대 영국 제二十七여단 제二十九보병련대와 비율빈원정군과 한국제一제二군단으로 구성된 대군으로서 적군이 완강한 세력을 가졌던 남부 일대지역을 방어하기에 여러 주일 동안 용맹스러운 혈전을 계속해서 그 지역을 완전히 보장햇던 것임니다. 지금은 그 지역에서 전선을 밀고 적군을 포위하여 노앗스며 항복을 밧거나 전멸시키거나 할 것인 바 모든 한인들은 월터·워커 중장의 지휘 하에서 이루어진 이 빗나는 승전의 기념을 영구히 보전할 것임니다. 제五항공대는 사령관 패트리지 소장 지휘 하에 미국과 호주의 공군으로 구성된 부대로서 우리는 그 사령관에게 만세불망의 감사를 표시하는 것임니다. 이분들의 희생적 용감한 공헌이 안이엇드면 우리가 오늘 엇더케 되엿슬 것을 알기 어려울 것임니다.

제七十七해병대는 미국 영국 호주 카나다 불란서 화란 뉴-지랜

드의 함정과 우리 한국 해군함정으로 구성된 병력으로서 우리의 해역을 봉쇄하는 동시에 이를 엄절히 지켜주엇고 알몬드 소장 지휘 하에 제十군단을 인천에 상륙케 한 것입니다.

미국 제一해병대와 륙군제七사단과 한국 륙해군 특히 제十七련대의 합동으로 희유한 공적을 이루어서 그 결과로 민국정부의 선발대가 오늘 수도 서울에 입성하는 길을 열게 된 것입니다.

순국 장병들의 유족에게 대해서 무슨 말로 위로하여야 할지 알기 어려움니다. 그러나 이 장병들이 목숨을 밧처서 국가의 자유를 보호하고 따라서 세계의 자유를 보호하는 데 공헌이 된 것입니다. 더욱 유엔군으로 보아서는 한국은 자기 나라에서 거리가 멀고 또 생소한 곳입니다. 여기서 견넬 수 업는 진흙과 몬지 속에서 온갓 고생을 당하며 혹은 우리가 웨 여기서 싸우는가 마음속으로 의혹햇슬 분도 업지 안엇슬 것입니다. 그러나 그들은 자유의 군병으로서 죽엄을 주저치 안코 나아가서 자의 나라를 위하야 생명을 밧칠 뿐 아니라 세계를 정복하려는 공산당의 침략 계획에 위협을 당하고 잇는 모든 나라를 위해서 싸운 것입니다. 이러케 싸우는 중에 그들은 우리 한인을 위해서도 생명을 밧치게 된 것이니 이것은 우리 한인들의 국가와 자유를 애호하는 정신이 어느 나라 사람에게도 못지안키 때문입니다.

이번 전쟁으로 말미아마 우리나라는 파괴되고 황페되엿스며 또 불에 타서 우리는 재건과 구제에 대한 거대한 문제에 당면하고 잇는 것임니다. 모든 공산주의 괴수들이 우리 국민과 촌락과 공장시설에 대해서 헤아릴 수 업는 손해를 준 것입니다 그러나 민국정부와 국민을 살륙과 약탈을 감행한 자와 그들에게 끌려들어간 자들 분별할 수 잇슬 것입니다. 그럼으로 무사려한 보복 수단을 쓰지 안을 것입니다. 죄를 범한자는 체포될 것이오 법에 따라 처벌될 것이나 아무 조리도 업시 무법하게 유린될 것은 안입니다. 이전에 공산주의자가 되엿던지 또는 공산주의자에게 강제로 끌려서 그들에게 봉사한 사람은 누구를 물론하고 항복하고 죄를 자백한 후에 장차 우리 국민의 복리를 위하야 일할 수 잇도록 용서를 밧어야 할 것입니다.

우리 대한민국은 一九四九년 제네바회의에서 협정된 제사조에 조인한 나라로서 귀순자와 포로는 그 법에 따라 처단될 것입니다. 지금 련합군은 위대한 승리를 하엿고 그 승리의 한부분을 차지하고 잇스며 완전한 승리가 우리의 안전에 노여잇는 것입니다. 이 승리에 잇서서 우리는 커다란 아량을 보여야 하며 또 보일 것입니다. 이 깃분 시간을 마지하야 내가 모든 동포에게 간곡히 청하고저 하는 바는 우리가 관대한 마음으로 용서할 수 업는 것까지라도 용서해야 할 것이니 이러케 함에는 자제력이 잇서야 한다는 것을 기억해야할 것입니다.

우리는 동포애를 가지고 서로 리해함으로서 단결하여야 하며 적군이 우리에게 사용한 포학한 방법은 금해야할 것입니다. 우리의 후손들이 이날을 회고할 적에 복수와 압박의 날로 생각지 말고 단결과

리해와 관용이 시작되던 날로 기념하게 되어야 할 것입니다. 우리가 전화(戰火)속에서 시련을 당하고 잇는 중 유엔을 통해서 우리를 도아 준 모든 정부와 국민에게 대해서 나는 우리 국민과 아직도 해방되지 못한 동포를 대신하야 심심한 감사를 표하매 특히 현지에 와 잇는 유엔 한국위원단 신사숙녀 제위에게 경의를 표하야 마지안는 바임니다. 우리가 엇은 찬란한 승리와 정의가 개선하는 이 새로운 증거를 위하야 나는 하누님에게 감사를 드립니다.

전재(戰災) 동포 구제에 대하여

1950. 09. 29

　이번 전란에 군경과 청년과 기타 민간 지도자들이 국가를 위하여 많은 공헌을 하였고, 또 순국한 열렬한 의사들과 그밖에 민간에서 무고한 학살과 피해를 당한 모든 동포의 참상은 실로 뼈가 저리고 피가 끓는 바입니다.

　그러나 독립과 자유는 보배로운 것이므로 이것을 장구히 복스럽게 발휘시킬랴면 우리가 먼저 이 귀중한 값을 갚어야 될 것인 바, 우리의 순절한 모든 애국 동포의 피가 이 값을 상당히 갚게 되었으니, 우리의 자손들이 그 공효를 천추만대에 누리며 기념하고 칭송할 것입니다. 다행히 살아있어서 석달 동안 죽게 되었다가 잔명을 유지하고 있는 수백만 전재민의 형편은 우리가 다 형언할 수 없는 중이다. 마침 추수 전에 적군을 격파하게 되어 우리 손으로 식량을 준비하게 되었고, 따라서 세계 우방들이 재정과 식량과 일용필수품을 해결해서 지금 연속 들어오는 중이요, 또 앞으로도 계속하여 들어올 것이며, 우리의 신생활과 신시설을 위해서는 미국의 원조로 들어오는 기계와 기구와 기타 물자가 우리의 희망 이상으로 넘치게 되므로 금후 가정과 도시와 교량과 도로를 다 개량해서 새 나라를 만들게 될 것이니, 이것을 받는 우리로는 새 정신과 새 사상을 일조일석에 발휘해서 이 원조를 받을 만한 국민적 자격을 세상에 표명해야만 우방의 성심과 성력이 더욱 커서 한량없이 도움을 받게 될 것입니다.

지금부터는 사람마다 신세계 신국가를 만들어 신생활을 해야 된 터인바 이렇게 할라면 사람마다 새 정신으로 각각 자기의 마음부터 깨끗이 해 가지고 새 살림을 해야 새 나라를 만들 것입니다. 그러나 우리의 건설과 건축은 하로이틀에 다 할 수 없는 처지요, 더욱 이 겨울을 당해서 몸 둘 곳 없이 동사지경에 이른 동포를 살려서 겨울을 지내야만 될 것이니 이것은 우리 전 민족이 일심합력해서 먹을 것을 나누어 먹고 입을 것을 나누어 입으며 몸 둘 곳을 나누어 살어야만 이것이 우리 동포의 애족심이요, 우리나라 건설에 상당한 자격이 될 것이므로 정부 일반 공무원들과 각도 각군 관공리부터 일일히 이 정신을 받들어 집 없이 한지(寒地)에 사는 사람이 하나라도 없도록 해야 할 것이니, 가옥의 대소를 물론하고 여유있는 것은 다 내놓아서 의지 없는 동포들을 청하여 같이 과동(過冬)하도록 만들어야 할 것입니다.

식량에 대해서는 배급으로 아사를 면할만치 정부에서 담임하고 진행할 터이니, 거처에 대해서만은 모든 동포들이 적극 노력해야만 될 것입니다. 이에 따라 내가 국민에게 부탁하고저 하는 바는 정부나 민간에 협잡이나 회물을 주고 받거나 또는 원조물자를 도적해서 불법하게 쓰는 사람들은 그 물건의 대소를 막론하고 적발되는 대로 군법으로 못된 풍기와 행습을 영영 막으려는 방침이니, 누가나 이 의도를 절심히 양해하고 일절로 피해서 후회가 없도록 해야 할 것이나, 혹 지위나 세력을 믿고 경홀한 생각으로 죄과에 빠진다 하더라도 벌은 한가지로 엄중할 것이니, 부디 신중해서 일후에 남을 원망하거나 무익한 핑게를 찾는 불행한 일이 없도록 해야 할 것입니다.

그중 가장 확고하고저 하는 바는 폭악무도한 공산도배의 잔혹한 살육행위를 누구나 통분히 여기지 않는 사람이 없을 것이므로 우리 국군과 경찰이 연합군과 합작해서 반도의 앞뒤를 막아 빠져나갈 길이 없이 포위하고 공산군을 소탕하는 중이니, 항복 귀순하는 자는 포섭하지 않을 수가 없으나 그중에서도 인면수심을 가지고 살육과 파괴를 꾀하는 자들은 비록 포로 중에 있을지라도 일일히 심사해서 법으로 판결하여 처단하므로서 민족의 후환을 없이 할 것이요, 전투로서 항거하는 자는 일일히 토벌해서 하나라도 남겨두지 않을 것이니 이것이 즉 천시와 인심일 것입니다.

그러나 악으로 악을 갚는 다는 것은 정의 인도를 주장하는 우리로서는 절대로 피해야 될 것이며, 더욱 우리 문명한 민족으로 문명 세계 모든 우방의 도움을 얻어서 평화를 회복하려는 우리로서는 사사 원한이나 공분으로 인연해서 법을 버리고 사사로 살육이나 구타 등 한도에 넘치는 행동으로 설분설치하는 일이 일절 없어야만 우리가 더욱 우리의 문명 정도를 세계에 표명할 것입니다. 하물며 1949

년 '제네바' 회담에 협정된 동맹국과 동의해서 서명한 나라로서 우리가 그 규정을 절대 지켜야 할 것이니, 관민을 막론하고 일절로 법에 넘치는 일은 행치 말아야 될 것이요, 이런 행동으로 범법하는 자는 일일히 징치할 것이며 이에 대하여서는 사람마다 깊이 주의하는 것이 가할 것이다.

(『대통령이승만박사담화집』, 공보처, 1953)

부강한 신진국가가 되자

1950. 10. 18

천재일우(千載一遇) 운수가 열어서 세계 우방들의 원조로 물자와 기계를 원조 받는 것도 많을 것이요, 우리 물자로서 교환 수입할 것도 많을 것이며, 또 우리 기술대로 제조해서 발명할 것도 많을 것이므로 우리 민족 전체만 합심합력해서 게을리 하지 말고, 또 사리사욕을 위한 암투나 분규한 상태를 이루는 일이 없이 서로 도와서 부지런히 일하면 단축한 시간 내에 부강한 신진국가가 되어 세계에 자랑할만한 나라를 만드는 동시에 우리 민족의 생활 정도가 동양에서 우수한 지위를 점령하게 될 것이다. 정치무대에 나서서 연설하고 싶은 사람들은 허영심과 허욕에 끌려서 불의부정한 일이라도 행해서 목적을 달성할려고 분주히 다니며 애쓰는 습관을 버리고 오직 정당한 일과 대다수 민중의 이익을 위해서 국가 건설에 공효가 있도록 도모하여야 할 것이니, 이렇게 하는 사람만이 민중의 추대를 받아서 자연히 높은 지위를 차지하게 될 것이다.

경제가로서 재산을 모으려고 하는 사람은 분수 이외의 이익을 위해 폭리나 암취인(闇取引) 등 불법한 일로 남을 해하거나 사리를 취하지 말고, 진정한 성심으로 기술이나 방식을 연구해서 국가에 필요한 사업을 성취하므로서 많은 사람의 복리가 되게 하면 그 사람이 자연히 경제가가 될 것이요, 그 결과로 경제력을 조종하게 될 것이다. 자기 가정이나 자기의 일신상 생활을 위해서 직업을 구하는 자는 신세계 생활로 발전되는 모든 영업상 자기의 기능과 역량에 따라 성심껏 부지런히 노력하면 그러한 사람들이 사회에 귀하니만치 중임을 맡게 될 것이요, 따라서 생활 정도도 날로 개량될 것이다.

농민들이 수확을 충분히 해서 부요한 가정을 이루어 보고저 한다면, 신식으로 되는 과학적 방식을 배워다가 농구와 곡종과 비료들을 일일히 연구해서 새 제도를 써야 할 것이요, 그렇게 되면 노력도 전보다 적고 추수는 전보다 많게 될 것이니, 이것을 다 남들이 이미 시험해서 성공한 터이므로 우리도 이런 방식으로 나가면 적어도 갑절 되는 이익을 거두게 될 것이다. 우리의 가정과 건물을 새로 짓는 데도 물자도 필요하거니와 사람의 기술과 사상과 노력을 합해 가져야 될 것인데, 누추한 초가와 진흙집을 될 수 있는 대로 피해서 정결하고 신선한 제도를 모범하므로써 도시 안에 더러운 가정과 퇴락된 건물은 차츰 털어내며 새로 지어야 할 것이니, 이 목적을 위해서 물자도 한없이 요구되거니와 인력이 얼마나 필요할 것을 생각하면 한 사람이라도 일 없어서 빌어먹고 살 도리가 없다는 사람이 없게 될 터이매 누구던지 수족을 부즈런히 해서 유익한 일을 하는 사람은 다 살게 될 것이다.

기와와 벽돌을 굽는 사람들은 지금부터 물건을 만들어 태산같이 쌓놓으면 남이 만든 것만 못하지 않는 한 우리나라 것으로 다 쓰게 될 터이니, 만드는 대로 다 수용될 것이요, 그중에도 가장 시급한 것은 석탄과 토탄을 많이 채굴해다가 도시 각처에 쌓놓으면 얼마 안에 다 팔리게 될 것인즉, 이런 것은 자기만 살려는 것이 아니요, 동포에게 이익을 주려는 목적이 포함되어 있으므로 국가에 이익한 사람들은 이런 방면에 주의해서 많은 공헌이 있어야 할 것이다. 수도에 입성한 이후로 모든 것이 파괴된 중에서 동포들이 남녀를 막론하고 웃는 얼굴과 기쁜 표정으로 도로를 청결히 하며 파괴된 가옥과 건물을 정리하는 것을 누구나 호감을 갖게 되나니 엄동이 멀지 않은 이때에 파상된 가옥은 우선 지붕부터라도 고쳐서 남은 집을 다 보유하도록 하며 도시를 속히 회복하도록 주야 노력하기를 바라는 바이다.

(『대통령이승만박사담화집』, 공보처, 1953)

남북동포는 협조하라

1950. 10. 21

단군긔자 유업으로 사천여년 력사적 민족으로서 사십년간 적국의 압박 하에서 고통을 면하게 된 후 쏘련의 세계정복주의 하에 공산당 괴뢰악마의 반역맹동으로 소위 삼팔선을 한정하고 남북을 강제로 분렬시켯스나 이남에서는 총선거를 실시하고 민주정부를 수립해서 세계 문명국가의 승인을 어더 날로 진전시켜 나가는 중 남북을 통일해서 이북동포들을 하로바삐 속빡과 압제 하에서 해방시키려는 것이엇고 또 이것을 뼈에 매치고 피가 끌토록 주장해온 것이나 세계대세에 끌려서 우리의 뜻대로 못하고 기회만 기다리고 오던 중 이번에 공산도배들이 쏘련의 후원을 의지하고 대전쟁을 차려가지고 우리나라를 쏘련의 속국으로 만들고 우리를 타국의 노예로 만들려고 도처에서 살인방화를 일삼아 우리가 일시 위경에 이르럿던 바 련합군이 들어와서 쏘련의 침략을 방비하고 우리를 도아서 싸운 결과로 삼팔선을 삭제시킬 뿐만 아니라 우리 국군이 승승장구해서 몇일 안에 압록 두만강까지 밀고 올라가니 국토를 완전 회복할 것이니 이로서 우리 조상의 유업을 다시 회복시키고 이북동포를 비로소 해방시켜 완전무결한 통일국가로서 세계 우방의 원조를 어더 파상된 도시 우방교량과 가옥과 곡장을 일일히 복구시키는 동시에 공업과 산업을 발전시켜 신국가를 이루어 민국정부 밋에서 신생활을 영위하여 만세복리의 자유기초를 군건히 함으로서 자손만대에 영구히 강토를 유전케 하자는 것이 우리의 유일한 목적이니 이북동포들은 조곰도 차별이나 방한이 업시 남북이 다 갓혼 권리와 직책을 분담해서 한민족 한족속의 정신과 행동을 동일히 지켜나가야할 것이다.

국가의 통일은 강토를 합하느니보다도 민심의 합동이 근본적 통일이 되는 것인 바 지나간 리조시대에는 정부 내내 사색파당이 잇서서 서로 투쟁하는 중에 국세를 미약하게 만들엇고 남북민심이 분리될만치 된 것을 우리가 간담에 매치는 유감사로 녀기는 바이지만 우리가 지금 누가 잘하고 못한 시비를 캐려는 것이 아니고 다만 남북통일을 완수하는 벽두에 내가 이남이북동포들에게 한말로 충고하고저 하는 바로 우리는 오늘부터 과거의 모든 폐단을 일소하고 삼천만이 다 한지체요 한가족으로서 서로 믿고 돕기로만 작정하고 사사리해나 친소로 인연해서 조곰이라도 서운한 생각을 가지고서는 우리가 또 일후 자손들에게 면치 못할 죄명을 쓰게 될 것입니다.

지나간 사십 년 동안 우리가 지옥생활을 당하게 된 것은 우리 민족이 합해서 다갓히 살자는 민족정신을 일허버리고 관민들이 각각 사심과 실정으로 동포를 해하며 나라를 결단내고라도 자기 혼자만 살려고 한 결과로 이러케 된 것이다.

우리가 해내해외에서 사십년 동안 독립운동으로 생명과 재력을 희생하며 애국애족의 의남의녀들을 압세우고 분골쇄신하며 용투용진하며 왓스나 불행히 지방구별을 고취하고 개인과 단체가 잇서서 이것을 가지고 도처에서 싸우는 중에 애국남녀들의 통탄과 외국인 사람들의 비평을 면치 못하게 된 것을 누구나 한탄치 안흘 수 업섯던 것이다.

따라서 공상분자들이 남북인심을 분열시키기에 전력을 다해서 모든 악선전으로 사탄의 마음에 독약을 너허주어서 지식이 빈약한 남녀의 마음을 이난시키도록 만든 것을 우리가 또한 명확하게 보고 아는 바로서 우리가 다 이것을 통분히 너기고 서로 계몽하며 서로 격탄해서 그리고 성동과 해독을 막지 안고는 우리 민족의 장래가 또다시 참담하게 될 념려가 잇슬 것을 주의하지 안흘 수 업는 것이다.

넷날에 문호를 다치고 우리나라가 혼자 살 적에는 편당싸움이나 정당싸움을 하면서라도 나라를 보전할 수 잇섰스나 지금은 국제상 서로 연결되여 사는 세상이므로 이때에 우리가 동서남북이나 상하 관민을 물론하고 한덩어리와 한뭉치가 되여 서로 보호하며 제휴하지 안코서는 국권도 보존할 수 업고 국권을 보존하지 못하면 인민의 자유권을 느릴 수 업서서 필경에는 또다시 남의 노예가 될 것이니 우리가 이것을 고려하지 안다면 오늘 이 대전에 우리의 열열한 피와 우방 군인들의 피를 흘리며 희생해서 성취하는 통일이 또한 무효가 되고 말 것이라 그러므로 이때에 우리 부여 족속의 모든 남녀들은 문벌이나 지위나 파당적 구별을 다 혁파하고 법률 밋헤서는 모도

다 동등한 백성이요 세계를 더해서는 다 한족속의 결심으로 대접될 만치 되어야만 우방의 추앙을 더욱 밧을적이오, 동시에 적국의 침략을 방비해서 우리 삼천리강산에서 소산되는 물짜와 우방에서 원조해 주는 물품을 리용하야 농업을 개량하여 공업과 상업을 세계에 발전시켜 부강한 국가로서 자유복락을 다갗이 누리게 될 것이다.

그러므로 공산분자나 불평분자들이 무슨 선전이나 어떤 감언리설도 민족상 리간과 분렬을 조장하는 일이 잇스면 이에 대해서는 개인으로나 단체로나 이를 다 극복해서 이런 분자들이 의지할 곳이 업도록 만들어 노아야 될 것이니 통일벽두에 이 정신을 이남이북동포들에게 일일히 알려주여 경성코자하는 바이다.

이 전쟁은 거이다 귀정난 것이니 타국의 세력을 의지하고 민족을 위협하여 남의 노예로 만들랴고 하던 자 중 극렬한 분자들은 이북동포들이 다 철저히 알고 잇슬 것이므로 이런 분자들은 친자질이나 형제간이라도 포용치 말고 국법대로 정죄해야 될 것이며 남의 선동에 따라다니던 자들이나 또는 위협에 끌려서 복종하던 자들도 다 회심개과하고 애국애족의 정신으로 국법을 지키며 직책을 행하기로 서약한 후에 다 해방시켜서 죄과를 탕척할 것이라.

또 이북남녀 중에 가정을 버리고 이남에 와서 풍찬로숙하며 지내는 중 통일촉성을 위하야 열열히 분투노력하던 형제자매들이 도민회를 조직하야 자치자호하던 단체 중에서 명망잇는 지도자들을 택하야 오도지사의 임명을 주엇스니 우선 해방되는 도마다 먼저 들어가서 치안과 후생을 주관함으로서 각도 책임을 리행할 터이나 이에 대해서도 이북동포들의 공의에 준행하기 위하야 도내의 민심이 정돈되는 대로 각해도민들이 자유 분위기 속에서 유엔 감시 하에 투표로 선정하도록 노력할 것이니 민간에서 하로바삐 민심을 정돈시켜서 선거방식을 행할만치 만들면 준비되는 대로 곧 지사선거를 행할 것이오 그후로는 할수있는 대로 속히 국회의원을 인구비례로 십만 명에 한 사람식 선거해서 국회의 자리를 채우게 할 것이며 서북천년단은 열열한 청년지도자들 중에서 원만한 조직체로서 이루어진 이남청년단 중 한 부분이므로 통일촉진과 방공투쟁 다대한 공적을 가진단체인 바 이 단원들이 전선 뒤로 들어가서 치안과 계몽과 조직들 젤에 군경을 도아 적극 노력할 것이니 이북에 남어있는 모든 청년들이나 다 이 청년단과 합동해서 불충불의한 분자를 일일히 적발하나 당국에 부처서 법적으로 처리하게 할 것이며 도시와 촌락에서 국법과 생명재산을 보호하기에 협의적으로 진행하되 민간에 강요하는 폐단이나 또는 법외의 행동은 일체로 금해서 범법행동은 개엄군법으로 처리하게 될 것이며 식량이 업서서 굶주리는 사람에게는 위선 정부애서 백미와 잡곡을 배급해서 구제사업을 착수할 것이니 일변으로 추수를 부즈런히 해서 금년에 추수되는 식량은 이남에서 실시하는 법안에 따라 이할이나 삼할 정도는 지세 기타로 정부에서 수립하고 그외는 농민들이 다 차지할 것이며 추수가 지난 뒤에는 농지개혁법을 실하야 농지는 이전 농주에게 돌리되 농주는 적당한 가격으로 정부에 팔고 정부에서는 그것을 법에 따라 농민들에게 분배한 후 공정가격으로 갑을 다주고 사는 사람은 완전히 자기의 소유로 만들 것이오 그러치 못한 사람은 매년 얼마씩 갑허서다 감흔 뒤에 자기 소유가 될 것이며 농주들은 지가로 정부에서 채권을 바더서 그 채권으로 공장이나 기타 영업자본을 삼을 수 잇도록 만들어 농민들에게서 대금을 다 밧는 대로 이를 다 보상할 것인 바 금년은 이미 느저서 이를 시행할 수 엄스므로 래년부터 이 법안을 실시하게 될것이다.

이밧게 금융, 상공 급 귀속재산에 관해서는 이남에서 행해온 정부의 정책과 동일할 것이나 이에 대한 정부의 의도는 종 발표되는 대로 이를 엄절히 준행해야 할 것이다.

끗흐로 다시 부탁하는 바는 우리가 합하면 서고 나누면 쓸어진다는 것이니 이번 강제분열로 인연해서 남북동포들이 서로 애호하고 서로 협조하는 정신과 기맥이 전보다 더 공고하게 된 것을 다행으로 녀기는 동시에 사방마다 이 정신과 기맥을 더욱 충실히 하기 위하야 남북동포들이 성심껏 노렷해야 할 것이다.

단기 四二八三년 十월 二十一일
대한민국 대통령

리승만

유엔기념일을 당하야

1950. 10. 24

　오늘 유엔기념일을 당하야 나는 한국정부와 국민을 대표해서 유엔 모든 가맹국 정부와 그 국민과 또 모든 친우들이 단체적으로나 개인적으로 우리를 후원해준 데 대하야 감사의 뜻을 설명하고저 하는 바임니다. 지난 6월 25일 아침에 세계적 공산분자들이 한국 공산 괴뢰배들 사촉해서 전격적으로 우리 민국을 침범하야 잠시간에 우리를 정복하고 공산화시키기로 작정햇던 것임니다. 처음 얼마 동안은 저이들이 성공되엿스나 유엔이 일어날 줄은 꿈에도 생각지 못햇던 것임니다. 공산도배들이 유엔의 능력과 용기와 결심을 생각지 못하다가 실패한 것은 공산당의 무지와 망동을 표시하는 것임니다. 우리는 이에 대하여 하누님께 감사하는 동시에 그들은 잘못 생각하기를 맛치 그들 이전에 힛틀러 뭇소리니 도-죠가 잘못 생각해서 실패한 것 갓치 실패한 것임니다. 유엔이 일시에 각오한 바는 공산도배들이 한국을 침략한 것이 다만 한국인에게만 관계되는 것이 아니고 실상은 세계 모든 나라에게 각각 제 나라를 사랑하고 평화를 원하는 사람들에게 공동한 관게로 또 멀리 잇는 한국에만 관게되는 것이 아니라 세계의 문명과 정의의 생맹을 높히는 모든 사람들에게 관게되는 것입니다. 그럼으로 유엔이 한국 국방을 후원한 것이 즉 유엔의 안전을 보장한 것입니다. 유엔의 능력과 유엔의 도움으로 이와 갓치 공산적군을 패망시킨 것이니 만흔 시간을 은구치 안코 한국 공산침략자들의 군사상 세력은 다 소멸될 것입니다. 지금은 파상된 도시와 촌락과 교통통신기관을 재건하고 복구시킬 것이니 유엔당국기관에서 결의한 것을보면 이것이 유엔에서 행할 큰 문제요 또 유엔에서 가장 노력하는 바입니다. 그럼으로 민국정부에서는 과거에 유엔한국위원단과 기타 유엔대표자들로 더부러 절대합동하여온 바와 갓치 압흐로도 련합군 총사령관과 그 사령장관이 임명한 모든 대표자들과 또 유엔한국위원단으로 더부러 어데까지던지 절대로 친밀한 합작을 행하도록 노력할 것입니다. 우리는 유엔에 대해서 빗진 은공을 영원히 잇지 못할 것이오 따라서 유엔의 고상한 의도와 또 유엔헌장에 표명된 대지로서 우리 반도에 준 실지상 도움으로 인연해서 우리는 그 목적을 끝까지 달성하기를 결심하는 바입니다.

북한임시통치, UN관리설(管理說)은 미접수(未接手)

1950. 10. 25

대한민국정부는 북한 각도에 대한민국정부의 기관을 수립하기 위하여 임시위원회(臨時委員會)와 더부러 지사(知事)를 파견 중에 있다. 만약 민중이 승인한다면, 이들 지사는 본격적으로 임명되게 될 것이다. 민중이 만약 전한(全韓)의 총선거를 희망한다면 총선거는 실시될 것이다. 나는 선거 시행까지 북한은 UN이 관리한다는 결정에 대하여는 UN총회로부터 아직 아무런 공식 통고에 접하지 않았다. UN이 선거 실시까지 북한관리를 주장할 아무런 이유는 없다고 생각한다.

(『대통령이승만박사담화집』, 공보처, 1953)

정부환도 평양탈환 경축 유엔군 환영
국민대회 대통령치사 속기록

1950. 10. 27

의장, 유엔대표단 여러분, 각국 외교사절단 여러분 일반 동포형제 자매 여러분 내란을 지난 뒤 이 자리에서 여러 동포를 이렇게 만나게 되는 나로서는 마음에 넘치는 감상을 무엇이라고 이야기하기 어렵습니다. 모르고 모르되 모든 동포 여기 모이신 동포가 다 나와 같은 감상을 가졌을 줄 압니다. 나는 요새 하는 일 없이 분주한 가운데 오늘 이 자리에 준비한 말이 없고 다만 간단하게 축사로 두어 마디 할 뿐입니다. 감상을 말하려면 말도 많이 있겠고 기막힌 일도 많이 있고 또 좋은 희망도 많은 것입니다. 그러나 이 자리의 순서가 또 기니만치 길게 말할 수 없느니만치 이 다음에 하기로 할 간단히 두어 마디 하겠습니다. 나 알기에는 오늘 유엔대표단과 유엔군인들이 우리나라를 구제해 준 그 공효와 그 사공을 표시하기 위해서 여기 민중이 자발적으로 모여서 말 한마디라도 감사의 뜻을 표하려고 한다는 말을 듣고 나는 대단히 기쁜 뜻으로 나온 것입니다. 그런데 의외(意外)에 여기다가 기념품(記念品)을 증정(贈呈)해 준다는 것은 오히려 과만한 생각이 나는 것입니다. 유엔(UN) 유나이티드네이션(United Nations)이 여러분에게 대해서 한 일을 무엇이라고 치하(致賀)할는지 모르겠습니다. 우리가 준비(準備)가 없어가지고 준비(準備) 있는 사람들이 들어오는데 우리가 다 어찌할 줄 모르는 경우(境遇)에 있었습니다. 그때에 만일(萬一) 공산군(共産軍)들이 서울을 점령(占領)하고 남쪽까지 내려올 지경(地境)에 일 것 같으면 우리 준비(準備) 없는 사람들이 어떻게 할 수가 없었을 것입니다. 그러던 것이 여기서 소문(所聞)이 나가고 또 우리 전보(電報)가 가자 미국 대통령(美國大統領)이 마음에 각원(閣員)을 모아가지고 이야기하고 그 어려운 결심(決心)을 작정(作定)했습니다. 그래가지고 각(各) 연합국(聯合國)에 퍼져 나가는 결과(結果)로서 이십사(二十四) 시간 안에 세계(世界)가 동하였던 것입니다. 작정(作定)이 되면서 전쟁 준비(戰爭準備)를 하지 않았던 나라와 평화(平和)를 주장(主張)하는 미국 전국(美國全國)에서 군사(軍士)가 나오고 무기(武器)가 터져 나오는데 배를 가지고 육천(六千) 마일, 오천(五千) 마일을 건너오려면 많은 시간(時間)이 걸릴 테니까 비행기(飛行機)를 가지고 와서 단축한 시간(短促한 時間) 내에 군인(軍人)이 들어오고 군물(軍物), 군자(軍資)가 들어와서 필경(畢竟)에는 대구(大邱), 부산(釜山)을 점령(占領)치 못하고 유엔 군사(軍士)의 수효(數爻)가 늘고 군기(軍機), 군물(軍物)이 날로 들어오게 되어서 그때부터는 전쟁의 파도(戰爭의 波濤)가 돌아서게 되었던 것입니다. 이러한 일은 동서간(東西間)을 막론(莫論)하고 전고(前古)에 없었던 것이고 세계(世界)가 지금 다 동(動)해서 우리나라를 구제(救濟)하기를 자기 나라를 구제(救濟)하는 것 같이 해가지고 외국 군인들(外

國軍人) 여러 천 명(千名)이 목숨을 잃고 또 부상한 사람의 수(數)를 헤아릴 수 없는 형편(形便)입니다. 우리가 서울을 다 회복(回復)하고 평양(平壤)을 회복(回復)해 가지고 또 우리 국군(國軍)이 압록강(鴨綠江)까지 들어가게 된 것을 생각할 때에 우리 군인들(軍人)이 열렬한(熱烈) 무력(武力)과 담력(膽力)과 그 결심(決心)을 세상(世上) 사람들이 다 칭찬(稱讚)하는 것이요. 그러는 동시에 우리로는 우리가 다 잘해서 그렇게 되었다고 하는 것보다도 우리 우방(友邦)들이 우리를 도와서 우리가 패망(敗亡)에 이른 것을 다시 뒤집어 돌려가지고 결국(結局)은 이북(以北)을 다 통하며(通) 통일(統一)을 해가지고 여러 세계(世界) 모든 나라에서 우리에게 식량(食糧)을 보내고 구제품(救濟品)을 보내며 군기(軍機), 군물(軍物)이 들어오며 파괴(破碎)한 도시(都市)와 가옥(家屋)과 건물(建物)들을 재건설(再建設)하기 위해서 지금 유엔(UN)에서 날마다 토의(討議)하고 있는 중(中)에 있고 또 모든 나라에서 물자(物資)와 연료(燃料)가 들어오는 것이 이전(以前) 역사(歷史)에는 없는 일로 기억(記憶)됩니다. 그러므로 여기 대해서는 우리가 한인(韓人)된 사람 여기 모인 남녀 동포(男女同胞)가 나부터라도 유엔(UN)에 대해서 또 미국(美國)에 대해서 감사(感謝)하는 생각을 이 자리에서 설명(說明)하기 어렵고 이후(以后)에도 영구히(永久) 잊어버리기 어려울 것입니다. 그러므로 해서 오늘 여러 동포(同胞)들이 여기 이와 같이 많이 모여서 결정적(決定的)으로 유엔 대표단(代表團)에 감사를 표(表)하고 유엔(UN)의 멤버가 되는 모든 나라 대표(代表)들과 그 나라 정부(政府)와 그 백성(百姓)에게 감사를 표(表)하는 것이, 또 따라서 더욱이 미국 대통령(大統領)과 미국정부(政府) 모든 대표(代表)들과 또 미국 대사(大使) 무초 대사(無初大使)와 그외(外) 모든 미국 동포(美國同胞)들 미국 국민(國民)들에게 대해서 우리는 만강(滿腔)의 열정(熱情)으로 감사를 표할 수밖에 없는 것입니다. 외국 군인(外國軍人)들이 아무 준비(準備)도 없고 생각도 없고 또 한국(韓國)이라는 것이 어떤 나라라고 하는 것을 모르고 지내는 사람들이 이번 전쟁(戰爭)에 여기 와서 별안간 소문(所聞)도 없이 별안간 불려 나온 사람들이 많은 것이요, 비행기(飛行機)로 오천 마일, 육천 마일 나와서 별안간 땅도 모르고 사람도 모르는데 갖다 놓으니까 무슨 까닭으로 여기서 싸움하는지 모르는 사람들이 많았던 것입니다. 차차(次次) 이 사람들이 알고 보니까 한국 사람들(韓國 사람들)이 저의 독립(獨立)과 저의 자유(自由)를 위하여 공산당(共産黨)과 대립(對立)이 되어 가지고 소련(蘇聯)이 밀려 내려오는데도 우리는 걱정 없이 싸워 나가겠다는 결심(決心)과 용감심(勇敢心)을 보고서 감동(感動)하는 생각으로 우리가 이 사람들을 구제(救濟)하는 것이 우리나라를 구제(救濟)하는 것이라는 생각으로 열렬하게(熱烈하게) 해 나왔던 것입니다.

지금 우리 친구(親舊) 되는 나라들이 우리를 이와 같이 도와줄 적에 우리가 무엇을 생각해야 되는가 하니, 남들이 우리를 도와줄 적에 그 사람들 생각에 무엇이 있었을까를 생각해 봐야 합니다. 그 사람들 생각에 이 한국(韓國)이라는 사람들을 위해서 목숨을 버리고 피를 흘리고 물자(物資)를 갖다 도와주는 것이 가치(價値)가 있느냐 없느냐 하는 것을 누구나 생각하는 것입니다. 내가 우리 동포(同胞)에게 말하는 것은 우리가 당당한 가치(價値)가 있어서 외국(外國) 모든 우방(友邦)들이 도와주는 것이 아니라, 우리가 어느 나라 사람들 모양으로 공산당(共産黨)이 밀려 들어오면 공산당(共産黨) 깃발(旗)을 들고 물자(物資)를 가지고 나가서 환영(歡迎)하는 것을 보이고, 또 연합군(聯合軍)

이 들어오면 돌아서서 연합군(聯合軍) 깃발을 들고 나서서 환영(歡迎)을 하는 등 이리도 하고 저리도 해서 정신(精神) 못 차리는 사람 같으면 세계(世界) 어느 나라든지 우리를 도와줄 이유(理致)도 없는 것이고 우리를 위해서 싸워줄 이유(理致)도 없는 것입니다.

그러나 우리는 이때까지 열렬하게(熱烈하게) 처음부터 우리 독립(獨立)과 우리 자유(自由)를 위해서 죽을 때까지 굴하지 않고 싸워 나가겠다는 것을 지금까지 지켜 가지고 나온 결과(結果)로 세상(世上) 사람들이 다 알기를 한국인(韓人)들은 주때가 있고 결심(決心)이 있어서 민주정치(民主政治)와 자유(自由)라는 것만을 위해서 목숨을 내버리고 싸우는 사람이라는 것이 표징(表徵)이 된 까닭으로 이분들이 이와 같이 도와준 것입니다.

지금부터는 우리가 이 일을 위해서 모든 남녀노소(男女老少) 되는 사람들이 결심(決心)과 정신(精神)을 단단히 해 가지고 유엔(UN)이 도와주든지 안 도와주든지 세계(世界)가 모두 다 나와서 우리를 멸시(蔑視)하려고 할지라도 우리는 조금도 겁낼 것도 없고 두려울 것도 없이 끝까지 싸워 나간다는 결심(決心)을 지나간 석 달 동안에 보인 그 결심(決心)만큼 지켜 가지고 나간다면 세상(世上)에 두려운 것도 없고 또 누구나 우리를 침범(侵犯)할 사람도 없을 것입니다.

또 내가 믿기를 우리 동포(同胞)가 그렇게 나갈 수 있다는 것을 … 변하지 않는다는 것을 다 아는 것이고 또 세상(世上) 모든 친구(親友)들이 그와 같은 감상(感想)을 가지고 나오는 것입니다.

그러므로 해서 여러 동포(同胞)들에게 길게 더 이야기하지 않고 다만 한 가지만 이야기하려고 하는데 얼마 전에 종로(鍾路)로 … 모든 남녀(男女)들이 나와서 길을 닦고 모두 파괴(破壞)된 것을 청소(淸掃)해가며 여러 가지 일을 한다고 그래요. 마땅히 그리해야 될 것이요. 어느 나라 사람이든지 전쟁(戰爭)이 되어서 파괴(破壞)된 뒤에는 나중에 그 모든 사람들이 다 일어서서 하나도 흔적 없게 만들자는 결심(決心)을 가지고서 청소(淸掃)해 나간단 말이에요. 그러니 우리 사람들도 그런 결심(決心)을 가지고 남녀노소(男女老少)가 다 뭉쳐서 길가에서 청소(淸掃)한다고 그래서 내가 구경 겸 위로(慰勞) 겸 나간 것입니다.

나가서 여러 사람들이 동네(洞內) 이쪽저쪽에 놓여서 하는 것을 보니까 좋은 감상(感想)이 들어요. 그래 내가 이분들을 위로(慰勞)하려고 하니까 여기저기 일하는 사람들이 잠시간에 모여서 그들이 나를 보고서 어떤 이는 나를 붙잡고 목 놓고 엉엉 운단 말이에요. 그러지 않을 수 없는 것입니다. 나도 눈물을 금하기 어려워요. 그래 내가 그분들더러 묻기를 집도 물건도 모두 가지고 있는 것이 불에 타서 다 없어지고 했다니 이에 더 무슨 위로(慰勞)의 말을 했습니다. 그랬더니 울던 분들이 아니요 그것은 우리는 생각도 없는 것이라고 해요. 도무지 근심할 것이 없다고 하며 물건은 있다가도 없고 없다가도 있는 것이니까 전혀 괜찮아요. 유엔군(UN軍)이 와서 우리 목숨을 구해내서 우리가 살았으니까 그것이 감사한 것이라고 그렇게 말해요. 우리는 그 정신(精神)을 가져야 됩니다. 언제든지 웃는 얼굴로 해나가야 됩니다. 그래야 든든한 백성(百姓), 가치(價値) 있는 백성(百姓)이 될 줄 압니다. 우리가 그 정신(精神)을 가지고 모든 것이 다 결단나더라도 우리 독립(獨立)을 보호(保護)하고 우리 자유 권리(自由權利)를 보호(保護)하고 우리 생명(生命)만 가지고 있으면 다 만들 수 있는 것이란 말이에요. 그 결심(決心)들을 가지고 한 덩어리가 되어서 누구를 막론(莫論)하고 다 일어나서 어디로 가든지 남녀(男女)들이 길가에 서서 아무 일도 하는 것 없이 그냥 서 있거나 그런 것을 보거든 그냥 잡아다가 일을 시켜요. 남보기에 길가에 아무것도 안 하고 일 없는 사람들이 죽 늘어서고 있는 것을 보면 이 사람들은 게으른 사람들이라고 그래요. 할 일 없거든 들어가서 문(門) 닫고 들어앉아서 잠을 자든지 무엇을 할지라도 길에 죽 나와서 아무 일 없이 서 있거나 앉아 있거나 하지 말고 그런 사람들이 있거든 잡아다가 모두 일을 시켜야 될 것이요.

그래서 남의 나라 사람들이 모든 물자(物資)를 가지고 와서 우리를 도와주려고 기계(機械)라든지 모든 것을 들여오면 우리가 나가서 일해서 신세계(新世界)를 만들어놓고 신생활(新生活)을 해야겠다는 결심(決心)을 가지고 일어나서 일을 해야 될 텐데, 만일(萬一) 그렇지 않고 남들이 구제(救濟)하고 도와주는데 우리는 가만히 앉아서 먹기나 하고 안 주느니 못 주느니, 적으니 많으니 이런 소리나 한다면 그 사람들이 여기 들어오는 물건(物件)들을 또 다른 데로 가져갈 염려(念慮)가 없지 않는 것입니다. 그러므로 해서 우리 군인(軍人)도 싸우고 경찰(警察)도 싸우고 청년들(靑年)도 싸움하는 중에 우리 뒤에 있는 젊은이 늙은이들은 부지런히 집을 청결(淸潔)하고 길을 청결(淸潔)해서 날마다 일해서 얼마 안에 이 파괴된(破壞된) 것을 다 깨끗이 치워놓고 자랑할 수 있게 해놓아야 할 것입니다.

유엔이 여기 처음 들어왔을 적에 제너럴 맥아더(General MacArthur) 장군(將軍)이 우리 서울을 탈환(奪還)했으니까 그분들이 부여받은 임무(付託)를 할 적에 제너럴 맥아더(General MacArthur) 그분이 나더러 말하기를, 우리가 할 수 있는 대로 다 건설(建設)할 터이니 걱정 마시오. 단축한(短促한) 시간 안에 새 세상(新世上)처럼 만들어놓겠다는 것을 내게 말했습니다.

여기 모인 결심(決心)을 가지고 밖에 나가서 모든 동포(同胞)들에게 이 말을 전해서 남북(南北)을 막론(莫論)하고 함께 일어나서 우리나라를 새 나라를 만들어 가지고 살자는 그 결심(決心)을 가지고 일들 하시고, 그것이 오늘 여기 모여서 유엔(UN) 대표단(代表團)에게 감사(感謝)하며 또 유엔(UN) 군(軍)들에게 감사(感謝)하는 뜻을 표하는 영구한(永久한) 표시가 될 것입니다. 부디 한 덩어리를 만드시오.

공산당(共産黨)들이 와서 지나간 다섯 해 동안 이북(以北)을 점령(占領)해 가지고서 한인들(韓人들)을 한인(韓人)끼리 인심(人心)이 이간(離間)되어서 싸움하고 분쟁(紛爭)하는 것을 만드느라고 소위(所謂) 사상교육(思想敎育)이라는 것을 만들어 가지고 별소리 다 했던 것입니다. 그 사람들이 해가는 일들은 뭔고 하니 어느 나라든지 들어가서 그 나라 백성(百姓)끼리 싸움하게 만드는 것입니다. 백성(百姓)은 정부(政府)를 반대(反對)하고 정부(政府)와 싸우게 하고 백성(百姓)은 저희끼리 싸움하게 만드는 이것이 그 사람들이 밤낮 해서 만드는 것입니다.

이북(以北) 동포(同胞)들에게 대해서도 이남(以南) 동포(同胞)들에게 대한 어떤 감정(感情)과 악감(惡感)을 많이 가지게 만들었을 것입니다. 그러나 우리나라는 단군(檀君), 기자(箕子), 부여(扶餘) 족속(族屬) 이후로 한 피, 같은 족속(族屬)입니다. 늘 분쟁(紛爭) 없이 함께 한 나라로 되었던 나라이고 이후(以後)에도 영원히(永永) 한 나라, 한 백성(百姓)으로 지낼 사람들이므로 해서 어떤 사람이든지 어떤 단체(團體)든지 개인(個人)이고 간에 분열(分裂)의 생각은 가지지 말고 무슨 남이니 북이니 해 가지고서 또 거기다가 무슨 이간(離間)을 기도(企圖)하는 사람이 있거든 모든 동포(同胞)가 한마음 한뜻이 되어가지고 그 사람들은 같이 못 살 사람들이라는 걸 생각해서 나라에 방해(妨害)를 부치는 사람이요, 단체(團體)로 인정(認定)해야 될 것입니다.

그래가지고서 우리는 남(南)도 없고 북(北)도 없고 다만 영원한(永永) 한 가족(家族)이요, 한 집안, 한 덩어리가 되어가지고 좋으나 나쁘나, 죽으나 사나 다 같이 함께 살자는 게 목적(目的)입니다. 그러므로 해서 할 수 있는 대로 이제는 같은 동포(同胞)가 집을 불태워 놓고서 갈 데 없어 얼어 죽게 되는 사람들에 대해서는 당신들 집 있는 사람들은 방(房) 한 칸이나 어디 있을 자리를 어디 비워놓고서 불러들이시오.

내 자랑하는 얘기는 아니지만, 경무대(景武台) 넓다란 집에 있어 가지고서는 나부터 이래가지고는 안 되겠다는 생각이 들어서 그 옆의 조그만 집 하나를 지금 비워놓고 그리 옮겨 앉아 가지고 나 있는데는 정부 각원(政府閣員)들이 들어가지고 살도록 우리부터 이렇게 하고 있습니다. 그와 같은 정신(精神)들을 여러분들이 다 가지시오. 그 정신(精神)들은 우리가 다 가집시다.

그리고 우리가 신생활(新生活)을 지금부터 해서 도시(都市)도 새 도시(都市)를 만들고 우리 집안도 새 집안을 만들어 가지고 얼마 안에는 세계(世界)에 대해서 "이것 봐라"하는 듯이 자랑하고 살며, 이것이 유엔(UN)과 미국(美國)이 와서 우리를 도와주어서 이렇게 만들어 놓은 거라는 것을 표(表)하는 것이며, 동시에 유엔군(UN軍)과 유엔 대표단(代表團)에게 감사(感謝)한 뜻을 영구히(永久히) 표시해서 우리 후세 자손(後世子孫)까지라도 다 이 복리(福利)를 누릴 만큼 만들기를 오늘 여기 모인 여러 동포(同胞)들은 결심(決心)하고서 지금 나가면서부터는 부지런히 일해서 우리 새 세상(新世上) 새 나라를 만들기에 많은 공헌(貢獻)들을 하기를 내가 바랍니다.

(『대통령이승만박사담화집』, 공보처, 1953)

겨레는 정신통일 긴요

1950. 11. 14

정부가 환도하는 즉시로 대통령의 성명이 내외국에 발표는 되었으나, 국내에서는 신문기관이 다시 설비되지 못한 관계로 충분히 전파되지 못한 것으로 지금까지라도 느끼고 있는 바이다.

구식으로 말하면, 이러한 내란이 나서 인명이 많이 상하고 전국적으로 파괴가 다대하게 된 후에는 임군이나 정부에서 민간에 사죄하기를 이것이 다 당국의 잘못이요, 덕이 부족한 죄로 이렇게 된 것이라고 말로 표시하는데, 전례가 있드라도 민주국가에서는 이러한 무지하고 허위적인 형식상 습관은 다 폐지하고 사실만을 추종하는 터이므로 구식에 젖은 분들은 혹 섭섭히 여길 분도 없지 않으나, 우리로는 신세계, 신생활을 주장하는 민주정치 하에서 이와 같은 형식은 피하기로 주장하는 바이니, 일반 민중들은 이 정신을 양해하기를 바라는 바이올시다.

공산당의 환란은 세계 어느 나라든지 아니 당하는 나라가 없으며, 우리가 유독히 혹독한 화를 당한 것은 우리가 공산당의 악독 무도한 실정을 각오하고 절대로 대립 투쟁해야만 될 것을 주장했으므로 우리가 환란을 더 많이 당할 것도 사실이요, 이에 따라서 세계 원조와 동정이 더 많게 될 것도 사실이며, 또 공산독재와 민주정책의 대립된 진영에 빠져서 이와 같이 분열을 이르킨 것인데, 언제나 통일이 순조로 될 수 없음을 우리가 다 각오했든 바요, 이보다 더 큰 손해와 더 큰 희생을 당할지라도 통일해야만 국민도 살 수 있고 나라도 살 수 있다는 것을 더욱 각오했든 것입니다.

나라의 독립과 민국의 자유권을 이전에도 누누히 말한 바이지만, 남의 기부를 받아가지고는 지켜가는 나라가 없는 법이요, 오직 상당한 값을 갚아서 그 국민들이 심리상으로 충분히 여길만치 되어야 그것이 비로소 영구한 복리가 되는 자유요, 또 독립인 것입니다.

우리가 기왕에도 우리의 자유와 독립을 구하여 많은 피를 흘리고 많은 희생을 희생했지만, 해방 후 타국이 우리나라를 양단하고 분열하여 4, 5년 동안 타국처럼 만들어놓고 지내는 것을 생각할 때 우리가 다 죽어서라도 통일해야만 되었을 것인데, 다행이 세계 우방들의 도움을 얻어 수만리 밖에 있는 우방 사람들이 우리나라에 와서 많은 희생을 희생하고 우리를 도와 싸우는 동시에, 또 우리 국군들이 열열한 정신으로 싸우는 결심으로 더욱 많은 생명을 희생하여 도처에서 성공해서 통일을 거의 다 완수하는 단게에 이르렀으니, 우리 한인들이 전쟁에서 흘린 피와 공산악화(共産惡化)에 살해당한 사람들과 또 외국군들이 귀중한 생명을 희생한 것이 모두 다 우리나라의 독립과 인민의 자유를 위하여 귀중한 가격을 갚은 것이므로, 이는 천추만세에 영구한 역사를 이룬 것이니, 우리는 이에 대하여 감사와 축하의 뜻을 영언히 잊지 말고, 앞으로는 여전히 일심으로 합력해서 열렬히 싸워나가며, 서로 세계 어떤 나라라도 다시는 우리나라를 침략할 생각을 못하도록 만들어 놓아야 될 것입니다.

연합국가 특별히 미합중국(美合衆國)이 우리를 도와서 전쟁만 성공할 뿐 아니라, 신국가 건설과 전재민 구호에 전적으로 노력하고 있으므로 재정과 문자가 날로 계속 들어와서 전고에 없는 일대 건설을 추진해 가고 있는 중이니, 이때에 우리 민족이 동서남북이니 정당 파당이니 하는 모든 편협하고 파괴적 누추한 습관을 다 버리고, 전 한족(全韓族)이 한마음 한뜻으로 일어나서 도로 교량과 도시와 가옥을 새로 수리하여 건축 발전시키므로 우리가 자진해서 우리의 일을 해야만 이러한 원조를 받을 상당한 자격 있는 국민인 것을 세계에서 인증할 것이요, 이와 같이 인증될수록 우리에게 대한 동정과 원조가 더욱 커질 것입니다. 일반 남녀 동포들은 누구나 새 정신으로 새 공작에 힘써서 몇 해 동안 우리의 새로운 건설을 세상에서 자랑할만치 만들어서 우리 후생들에게 영원한 복리를 유전하도록 용투매진 해야될 것입니다.

『대통령이승만박사담화집』, 공보처, 1953)

선거 수 주週 내에 실시

1950. 11. 29

우리 민국정부에는 지나간 5년 동안 38선을 타파하고 하로바삐 통일을 회복할 생각이 흉중胸中에서 불 일듯 하였으나, 국제상 관계로 참아오다가, 이번 공산군의 침입을 이용해서 철의 장막을 물리치고 반역도배들을 타도하여 강토를 완전히 회복시키게 되었는데, 중국 공산군이 들어와서 장해障害를 주었으므로 며칠을 더 지나게 되었으나, 국제연합군이 우리 국군과 합력하여 적군을 분쇄하고 올라가는 중이니, 미구未久에 압록鴨綠 급及 두만豆滿 국경까지 올라가서 그 분자들을 다 몰아내고 말 것이니, 일반 동포들은 다 안심하고, 전 국민이 안전을 보장하여 공산극열분자들을 속히 청쇄하며, 치안을 회복하며, 민생곤란을 구제하기에 일심합력하므로서 외국에서 들어오는 원조물자를 서로 도우며, 서로 구제하여야만 될 것입니다.

이때에 가장 불행한 것은 한국정부를 반대하는 공산당과 기타 몇몇 불순분자들이 해내해외서 백방으로 비밀리에 선전해서 국제연합국 대표들에게 말하기를 우리 민국정부는 민중이 반대하므로 이남에서도 군경이 보호하므로서 유지하고 있으니, 민국정부에서 이북에 정권을 시행하게 되면, 이 이북동포들의 반대로 투쟁이 생겨 무한한 피를 흘리게 된다는 허무한 말을 전해서 이 말을 믿고 결의안에 한 조목을 넣어서 민국정부의 정권을 38 이남에만 행사하고, 이북에는 행사 못한다고 하였으므로 우리는 기회를 기다리는 중입니다.

우리 정부는 50여국이 승인한 독립자주국이니만치 어떤 나라를 물론하고 우리 주권에 간섭할 수 없는 터이니 우리가 마땅히 선언하고, 우리는 연합국이 우리 국권에 간섭하는 것을 믿지 않는다고 선언하고, 즉시 정권을 이북에 실시하였을 것이나 연합군이 우리 건국 시초와 전쟁에 우리를 도운 은공을 생각하드래도 정면으로 반대하고 나가는 것이 우리의 도리가 아니므로 몇칠 만에 위원단이 서울에 도착되기를 기다려 합의적으로 교정하기를 내정하고 기다리는 중이며, 바라는 바입니다. 그런즉 일반 이북동포들이 아무리 어려운 경우라도 좀더 참으면 순리로 타협될 것이니, 이러한 것을 말과 글로서도 전하여 모든 동포들이 이런 내용을 다 알고 합심합력으로 적극 준비하여 하로 빨리 선거를 행할만치 준비하는 것이 가장 필요할 것입니다.

우리 정부에서 국회 간에 일백여 좌석을 비여 놓고, 이북에서 투표선거로 국회의원을 뽑아서 국회에 참가하게 하는 것이 이에 정한 정책인데, 정부에서 이북에 정권을 펴지 않고 있는 이때에 국회의원 총선거를 시행하자면 먼저 준비가 있어야 할 터이므로, 현재 정부의 계획은 이북 각도지사를 각각 도민으로 하여금 투표로 선정하려는 것이니, 이 선거는 몇 주일 내로 시행할 수 있을 것이요, 도지사를 선정한 후에는 각각 그 도의 행정을 도민의 민의에 따라 시행케 할 터이니, 이와 같이 해서 국회의원 선거를 준비하고, 준비되는 대로 총선거를 시행한다면, 이것이 곧 우리 국권을 이북에 확립하는 방책일 것이다.

그러므로 이 두 가지 선거는 다 연합국위원단을 청하여 감시하도록 할 것이요, 모든 방법은 민중이 원하는 대로 준행(準行)할 것이요, 이와 같이 하므로서 옛날에 서울에서 관찰사나 군수를 파송하던 불공평한 습관을 영여 개혁하여 각각 그 도민들의 투표로서 도지사를 선정하려는 정책이며, 이를 절실히 양해하고 속히 합력 진행하여 방방곡곡에서 극열분자들을 청쇠하며, 치안과 질서를 세워 어떠한 불법행위나 난동상태가 절대로 없게 만들고, 군경을 통하여 보고하며 선거 일자를 정하여 공포하고 민의대로 시행하려는 것이니 일반 애국남녀들은 이를 상세히 지실하고 굳건히 시행하기를 바라는 바이다.

(『대통령이승만박사담화집』, 공보처, 1953)

공산군을 도망시켜서는 안 된다

1950. 12. 02

공산주의자가 가져온 것은 공포 이외는 없다는 것을 우리들 자신이 체험으로써 수득하였다. 공산주의자를 최후의 일인까지 없애버리든지 또는 한국으로부터 구축(驅逐)시키든지 하지 아니하면 우리들은 안심할 수 없다. 우리들은 공산군을 도망시켜서는 안 된다. 이를 위해서는 각 부락을 각각 병영화(兵營化)시키지 아니하면 안 된다.

(『대통령이승만박사담화집』, 공보처, 1953)

최후까지 투쟁하라,
타협적(妥協的)인 해결은 무용

1950. 12. 08

공산주의자는 과거에 있어서 구두(口頭)로나 성문(成文)으로 된 국제협약에 있어서 약속을 지키지 못하였다. 만약 우리가 타협한다면, 이러한 합의에 그들이 약속을 지킬는지 보증할 수 없는 것이다. 한국 문제는 민주주의와 공산주의의 해결에 도달될 때까지는 낙착(落着)되리가고 믿지 아니한다. 그 해결은 곧 모든 민주주의가 일개 적색세계에 삼켜지느냐, 그렇지 않으면 지난 일이차 세계대전과 같이 무력 정복자가 패배를 당하느냐에 있는 것이다.

(『대통령이승만박사담화집』, 공보처, 1953)

최후 승리를 확신 민족적 대업을 완수하자

1950. 12. 26

지금 우리의 정세에 대해서는 아무 변동이 없으며, 춘천 지역에서는 우리 국군이 38선 이남에 있던 것이 전진하고 이북 괴뢰군들이 내습을 시작했으나, 국군의 준비가 상당하므로 아직 대립하고 있는 중이고, 지난 22일에는 내가 동두천 지역에 가서 UN군과 국군의 진지를 시찰하였는데, 전선에는 조금도 요동이 없이 완전한 세력을 이루고 있는 중이므로 지금 형편으로 보면 전진은 하나 퇴보할 위험성은 없을 뿐만 아니라, 토기가 더욱 앙양되어서 중공군에 대한 우려는 조금도 없다고 하므로 우리는 국군 병사와 장교들에게 정부와 민중이 뒤에서 일심으로 바쳐주며 사수할 결심을 하였다.

일반 국민들은 이러한 사정을 잘 파악하고 그릇된 선동에 휩쓸려 경거망동에 빠지는 폐단이 없기를 바라는 바이다. 따라서 각 항구에는 군기군물과 UN 후원군이 계속 들어오는 중이며, 미국에서는 '트' 대통령이 비상사태 선언을 발해서 전 국가공장에서는 평시 산업을 다 정지하고 군수품을 주로 산출시키는 한편, 전국적으로 징병령을 공포해서 매일 몇 만명씩 모병하고 불원 4백만 대병을 세우게 될 것이니, 소련과 중공군에서 무엇을 하든지 미국이 계속하여 싸워 나갈 것은 의심할 바 없다. 그러나 우리로서는 우리가 우리나라의 주인이요, 이 전쟁은 또한 우리의 전쟁이므로 우리의 자유를 위해서 끝까지 굴치 말고 싸워나가야만 우리 손님들이 우리를 더욱 도웁게 될 것이다. 모두 자기 자신의 안전만을 위하여 이리저리 피해다니며 피난할 곳이나 찾고 있다면, 세계 우방들이 우리를 도웁기가 어려워질 것이니, 이때에 우리들은 우리 조상 적부터 나려오는 아름다운 역사를 계승할만한 용기와 지혜를 발휘해서 중공군을 타도시키기 위하여 전 민족이 같이 지키고 같이 싸워서 밀고 나가야 할 것이다.

근자에 외국 신문에 보도되기를 한인들이 중공과 싸우지 않으려고 한다 하였으나, 이것은 중간에서 우리를 해하려고 모략적으로 이러한 허무한 언사를 지어 한인들이 중공과 싸우지 아니하니 UN군이 어찌할 수 없다는 것을 선전하려는 의도가 보이는 것이며, 이에 대해서는 우리 국군이나 우리 국민들이 그것이 사실이 아니라는 것을 행동으로 증명하기 위하여 더욱 열렬한 전술로서 한 사람이라도 도망해가는 자는 발붙일 곳이 없이 해야만 될 것이다. 우리가 이 금수강산을 잃어버리고 우리 집과 우리 땅을 남에게 빼았기고 만다면, 우리는 살 수도 없거니와 남의 노예가 되고 말 것이다. 우리가 맹서코 이렇게 되면 살지 않기로 작정해야 될 것이다. 중공군들이 이북 괴뢰군에 비하면 무력하다는 것을 우리 국군들이 증명하며, 또 우리가 잘 알고 있는 바이니, 우리가 남을 허수히 여기는 것은 지혜가 아니지만, 무도한 적군을 무서워 할 것은 없는 것이다. 우리가 다 일어나서 국군과 방위대를 도와 맹렬히 싸우기만 하면 적군을 두려워할 바 없을 것이다. 기왕에도 우리 조상들이 중국의 침략을 한두 번 당한 것이 아니라 번번히 우리가 다 싸워서 토벌했으니 이런 우리의 기상과 결심을 세상에 표명해야 할 것이다.

지금 한 가지 문제는 우리를 위해서 전적으로 싸우고 있는 미국인이 우리의 결심을 보고 찬양하는 중, 오직 염려하는 바는 만일 전세가 의외로 변동해져서 공산군이 우리의 전선을 뚫고 나오게 된다면 많은 민중이 피난하기에 자연 번잡하여 군사행동에 많은 지장이 있겠는 고로, 이에 따라서 국회의원들과 정부 요인들도 서울에 있어서 필요치 않는 사람들은 다 남하해서 각지에 흩어져 있는 것이 군사상 활동에 도움이 될 것이요, 치안 방면에도 편의를 줄 것이므로 모든 동포에게 알려서 기회 있는 대로 소개시키는 것이 좋겠다고 간곡히 우리에게 권고하는 터이니, 정부로서는 우리의 안전에 대하여 조금도 우려는 없으나 우방 친우들과 절대로 합작함이 필요한 이때에 이를 거부하기 어려우므로 일반 동포에게 이러한 사정을 아리는 것이니, 얼마동안 피난하였다가 우리 국군과 UN군이 점차로 승승장구해서 국토를 완전히 회복하게 될 때에 다시 들어오는 것도 어렵지 않을 것이므로 이에 공포하노니, 갈 데 있고 갈 수도 있는 사람들은 다 순서적으로 경관들의 인도를 받아서 길을 찾아가되 무엇보다도 식물과 의복과 침구를 가지고 가는 것이 가장 필요할 것이다.

특별히 국회에서는 만장일치로 후퇴하지 않기로 결의가 통과되었으니, 국회의원들의 애국심을 감사히 생각하는 바이나, 미국 친우들의 권고에 의하면 군사행동의 편의를 보아서라도 잠시 정회하고 흩어져서 피신함이 좋겠다 하니 국회의원 제위에게도 이를 권고하는 바이다. 우리 일반 군경에게 대해서는 우리 삼천만 국민의 생명과 국가의 운명을 국경에게 마끼고 뒤에서 정성껏 후원할 것이니, 우리 민족의 용맹과 단결을 크게 발휘하므로써 중공군을 토멸시켜 세계의 찬양하는 바가 되기를 바라는 바이다. 지금 우리 국군 뒤에서 훈련받고 있는 우리 청년 25만 명이 군기가 들어와 준비가 다 되고 있는 중이요, 주야 훈련을 받으며 전선에 나가기를 대기하고 있으며 그외 UN군은 군물을 가지고 연속 들어오는 중이니, 우리가 이러한 방대한 세력을 가지고 퇴보할 수는 없는 것이다. 그러므로 우리 일반 국민들은 우리 조상의 정신과 기상을 표명해서 민족적 대업을 크게 성공하기를 믿으며 이에 부탁하는 바이다.

(『대통령이승만박사담화집』, 공보처, 1953)

정부 서울 불철퇴(不撤退),
철퇴 운운한 일본 방송국을 비난

1950. 12. 29

25일의 결정으로 한국 국회와 정부의 관리(官吏)는 부산(釜山)으로 이동하게 되었으나, 한국 정부는 서울을 철퇴할 의향은 없고, 주요 관청과 내각은 일제히 서울에 재류(在留)한다. 나로서는 서울은 중공(中共) 및 북한 괴뢰군의 공격에 대하여 완전하다고 확신하고 있다. 그러나 일본 방송국과 일부 신문사는 이 정세에 대하여 그릇된 인상을 주고 있으며, 나는 26일 동경주재 대사(東京駐在大使)에게 대하여 곧 총사령부 급(及) 일본 정부와 절충하여 그릇된 선전을 고치도록 지령했다. 소식에 의하면 국회의원과 일부 정부관리(官吏)의 철퇴를 권고한 것은 단순히 군사적인 변기(變機)에 의거한 것으로 이 권고와 같이 가령 비상사태가 일어나도 혼란하지 않도록 준비키 위해 철퇴를 권고한 것이라고 한다.

(『대통령이승만박사담화집』, 공보처, 1953)

국군장병(國軍將兵)들에게

1950. 12. 30

　　우리 국군장병(國軍將兵)들에게 제일(第一) 깃븐 소식(消息)은 제팔군사령관(第八軍司令官) 리지웨이 중장(中將)이 결심(決心)하기를 유엔군(軍)과 우리 국군(國軍)이 지금(至今)부터는 유진무퇴(有進無退)하라는 것인 바 유엔군(軍) 전체(全體)에는 이것이 벌서 발령(發令)되어서 각각(各各) 지정(指定)된 전선(戰線)에서 일보(一步)라도 퇴보(退步)치말고 사수(死守)하라는 명령(命令)이엇는데 이 명령(命令)을 밧은 장병(將兵)들은 다 깃버 환영(歡迎)하며 지금(至今)부터는 우리가 하로밧비 밀고 올라갈 수 잇다는 깃븐 마음을 가지고 열렬(熱烈)히 준비(準備)하고 잇는 중(中)이라 하며 동시(同時)에 우리 국군(國軍)에게도 이와 갓은 멧세지를 보내서 알리고저 함으로 내가 친(親)히 리지웨이 중장(中將)이 결심(決心)한 바를 듯고 낙강(落腔)의 열정(熱情)으로 환영(歡迎)함으로서 이에 선포(宣佈)하나니 우리 국군장병(國軍將兵)들이 각각(各各) 소재지(所在地)에서 조곰도 퇴축(退縮)하지 말고 진지(陣地)를 사수(死守)해서 멧츨 동안 전선(戰線)을 굿게 지키면 대공격계획(大功擊計劃)이 충분(充分)히 준비(準備)된 뒤에 곳 밀고 올라가서 먼저 이북괴뢰군(以北傀儡軍)을 토멸(討滅)시킨 것과 갓치 이번에는 중공침략군(中共侵略軍)을 타도(打倒)시키고 통일(統一)을 완수 (完遂)해서 만일(萬一) 세계전쟁(世界戰爭)이 벌어지더라도 우리 강토(疆土) 밧게서 수행(遂行)하도록 만들어야 될 것이니 이것이 신년(新年)을 축하 (祝賀)하는 제일(第一) 깃븐 소식(消息)임으로 이에 특별(特別)히 선포(宣佈) 하는 바이다.

리지웨이 중장(中將)이 우리 국군전선(國軍戰線)을 심방(尋訪)하고 와 서 무한(無限)히 칭찬(稱讚)하며 또 따라서 우리 국군(國軍)이 대포(大砲) 와 기관총등(機關銃等) 군물(軍物)을 가진 것이 얼마 못됨으로 이를 교 정(矯正)해서 하로밧비 내여줄 것을 발언(發言)하고 잇스니 우리 일반 국군장병(一般國軍將兵)들은 더욱 용기(勇氣)를 내고 맹렬(猛烈)히 싸워서 중공군(中共軍)을 일제(一齊)히 토멸(討滅)시킬 대성공(大成功)으로서 세계 (世界) 사람들이 우리 국군(國軍)의 공격(攻擊)을 찬양(讚揚)하게 되기를 거듭 부탁(付託)하는 바이다.

단기(檀紀) 사이팔삼년(四二八三年)
십이월(十二月) 삼십일(三十日)

이승만(1875년 3월 26일~1965년 7월 19일)은 대한민국의 초대 대통령으로, 한국 현대사에 획을 그은 주요 인물이다. 대한민국의 독립과 건국 과정에서 중추적인 역할을 했고, 대한민국정부 수립 후 1948년부터 1960년까지 대통령직을 수행해왔다. 한국의 독립운동가이자 교육자요, 정치가의 면모를 갖춘 그는 미국에서 고등교육을 받은 최초의 한국인 중 하나로, 프린스턴대학교와 하버드대학교에서 학위를 받았으며 미국과의 긴밀한 관계를 통해 한국의 독립과 발전에 크게 기여했다.

재임 당시 대한민국은 1950년 한국전쟁을 겪었는데 이때 그는 국가의 존립과 자유를 지켜냈고 전쟁 후에는 국가의 재건과 경제발전을 위한 기반을 마련하는 데 주력했다. 물론 정치적 억압이나 선거 조작 같은 논란이 4·19혁명으로 비화되자 그는 대통령직에서 내려와 하와이로 떠났고 그곳에서 생을 마감했다. 그의 생애와 업적은 한국의 정치·사회 및 국제관계를 이해하는 데 중요한 귀감이 되고 있다.